Mitología azteca

Mitos fascinantes aztecas de los dioses, diosas y criaturas legendarias

Índice

Introducción

Entre los siglos IX y finales del XI, comenzó una gran migración en la que las tribus, incluyendo una que se llamaba a sí misma "mexica", se trasladaron de lugares "lejanos al norte" a lo que hoy es México Central. Los mitos que describen esta migración llaman al lugar de origen "Aztlán", que a veces se traduce como "lugar de la garza blanca", y es de este nombre que obtenemos la palabra "aztecas" o "gente de Aztlán".

La civilización azteca de México central no era una única cultura unitaria, sino que estaba formada por diferentes pueblos que hablaban el idioma náhuatl y que remontaban sus orígenes a ese lejano hogar del norte. A lo largo de los siglos que siguieron al comienzo de la migración desde Aztlán, los pueblos aztecas establecieron ciudades-estado e imperios en el México central, el mayor de los cuales se centró en la gran ciudad de Tenochtitlán, la capital de la cultura y el poder político mexica, que se había construido sobre las aguas del lago de Texcoco. Hoy en día, esa antigua capital ha sido sobre construida por la Ciudad de México, el lecho del lago hace mucho tiempo que ha sido drenado de agua.

Cuando los españoles llegaron en 1519, el Imperio azteca estaba bien establecido y se había consolidado bajo el paraguas de la Triple Alianza desde 1428. Esta alianza de ciudades-estado incluía a México-

Tenochtitlán, centrada en la ciudad de Tenochtitlán; la ciudad-estado de Texcoco, basada en la orilla oriental del lago; y Tlacopan, una ciudad-estado en la orilla occidental. El imperio era ordenado y próspero; de hecho, los testigos españoles de la época de la conquista describen ciudades y mercados que eran más grandes, mejor construidos y mejor organizados que cualquier cosa que hubieran visto antes. Pero solo dos años más tarde, a través de una combinación de guerra, conquista y enfermedad, el Imperio azteca ya no existía, y la cultura y la religión mesoamericanas habían sido irrevocablemente dañadas por la imposición del dominio español y la introducción forzada del cristianismo.

Una de las principales dificultades para reconstruir las tradiciones mitológicas originales de los aztecas es la escasez de fuentes. En un acto de iconoclasia nacido de los esfuerzos de la cristianización, los misioneros españoles y los funcionarios del gobierno rastrearon y quemaron los libros y registros gubernamentales aztecas. De los muchos miles de libros y documentos que debían haber existido alguna vez, solo quedan doce hoy en día. Además, mucho más de lo que sabemos del mito y la cultura azteca viene a través del filtro de los primeros testigos españoles modernos, cuyos prejuicios culturales y religiosos sin duda distorsionan mucho de lo que informaron.

Sin embargo, los invasores del otro lado del mar no fueron los únicos iconoclastas: el emperador mexica Itzcóatl (1427 o 1428 a 1440 d. C.) consolidó su propio poder, en parte revisando la historia y el mito para reforzar las afirmaciones de ascendencia mexica en la región. Itzcóatl ordenó la destrucción de los códices anteriores y la creación de nuevos códices que enfatizaban la legitimidad del poder de los mexicas y la supremacía del dios de la guerra Huitzilopochtli.

Como resultado de estos casos de destrucción, por lo tanto, solo tenemos una visión parcial de lo que debía haber sido el mito azteca original. Sin embargo, lo que existe muestra una rica y compleja tradición de mitos de origen, cuentos fantásticos y pseudo-historias mitológicas que nos da un vistazo a la cosmología, la religión y la visión del mundo de esta una vez vibrante cultura mesoamericana.

El presente libro está dividido en dos secciones. La primera contiene los mitos de los dioses y diosas, incluyendo la "Leyenda de los Soles", que es un complejo de mitos de origen que describe la creación del mundo, seguido por un relato que explica los orígenes de las prácticas aztecas, de las ofrendas de sangre y la guerra ritual. Otros tres mitos en esta sección relatan el advenimiento de otras cosas importantes para la vida y la cultura azteca: el maíz, el pulque (una bebida alcohólica hecha de la savia del cactus maguey) y la música. Una última historia describe el concepto azteca de la vida después de la muerte.

La segunda sección del libro contiene los mitos políticos aztecas, todos los cuales tenían la intención de pintar a los aztecas como un pueblo heroico favorecido por los dioses y digno de conquistar las civilizaciones que encontraban. El primero de estos relatos es el mito que describe el viaje de los mexicas desde Aztlán hasta México Central y la fundación de la ciudad de Tenochtitlán, todo bajo la égida del dios Huitzilopochtli. El segundo involucra una mítica misión en Aztlán comandada por el emperador Moctezuma I, quien desea reconectarse con el pueblo ancestral de allí y con la madre de Huitzilopochtli, para hacerles saber cuán grande se había vuelto el Imperio azteca.

El resto de las historias políticas de esta sección son un complejo que crea una pseudo-historia mítica de la caída de los toltecas. La civilización tolteca floreció en el centro de México entre principios del siglo X y finales del siglo XII y fue una de las culturas que fue desplazada por la llegada de los mexicas y la imposición del dominio azteca en esa región. En el tercer y cuarto relato de esta sección, Huemac, el legendario último rey de los toltecas, es sometido a varias desventuras y humillaciones a manos de Tezcatlipoca, el dios azteca de la noche, la enemistad y la discordia, que se presenta con varios disfraces para engañar al rey y destruir al pueblo tolteca, mientras que la propia insolencia de Huemac hacia los sirvientes de Tlaloc, el dios de la lluvia, trae la sequía, la hambruna y una profecía final del fin de la cultura tolteca.

Una práctica de los reyes toltecas, que también funcionaban como sacerdotes en la religión tolteca, era reclamar el título de "Quetzalcóatl". En la última leyenda que se presenta aquí, el sacerdote-rey es el propio dios. Una vez más, Tezcatlipoca trabaja su astucia contra el gobernante tolteca, esta vez expulsándolo de la ciudad de una vez por todas. El mito de cómo Quetzalcóatl se exilió avergonzado de la capital tolteca, Tula, y luego se transformó en la Estrella de la Mañana es un cuento episódico en la línea del viaje del héroe clásico.

En muchos de estos mitos, vemos repetidamente la creencia azteca de que las ofrendas de sangre y vidas humanas eran necesarias para el continuo funcionamiento del universo. De hecho, en estos mitos los propios dioses hacen sacrificios de su propia sangre e incluso de sus cuerpos enteros para crear un universo en el que los humanos puedan vivir y, en una historia, para crear a los propios humanos; los humanos, por lo tanto, deben hacer sacrificios de sangre a su vez para alimentar a los dioses y mantener el universo en existencia. Para los antiguos aztecas, estas prácticas parecían adecuadas, necesarias y honorables, ayudando a conectar el mundo de los humanos con el mundo divino de los dioses, un universo que en el mito azteca tomó forma en ciclos de creación, destrucción y renacimiento.

Nota sobre el calendario azteca

Una característica destacada de muchas antiguas civilizaciones mesoamericanas es el uso de calendarios y sistemas de seguimiento del tiempo bien construidos. Los aztecas usaban dos calendarios anuales separados pero entrelazados: uno era un calendario anual solar de 360 días, el otro un calendario ritual de 260 días. Además, los aztecas llevaban un cuidadoso seguimiento de períodos de tiempo mucho más largos, en particular el ciclo de 52 años del *xiuhmolpilli* (conjunto de años).

El año solar se llamaba "xihuitl" en náhuatl, mientras que el calendario de ese año se conocía como *xiuhpohualli* (recuento de años). Este calendario estaba compuesto de dieciocho meses con veinte días cada uno, para un total de 360 días. Cada mes tenía el nombre de una fiesta religiosa específica, y los días de este calendario se designaban de manera muy similar a la del calendario occidental moderno. Así, por ejemplo, los días del mes llamado "Teotleco" (retorno de los dioses) se designarían 1 Teotleco, 2 Teotleco, 3 Teotleco, y así sucesivamente hasta llegar a 20 Teotleco, momento en el que comenzaría el nuevo mes.

Debido a que este calendario de 18 meses no coincidía completamente con el año solar real, se añadieron cinco días intercalados al final del decimoctavo mes para mantener el calendario alineado con las estaciones. Estos cinco días fueron llamados "nemontemi" (sin nombre) y fueron considerados de muy mala suerte. Los aztecas eran conscientes de que el año solar es en realidad 365,25 días, pero no sabemos cómo podrían haber ajustado sus calendarios para tener en cuenta los días parciales extra.

El calendario ritual se llamaba *tonalpohualli*, que significa "cuenta de los signos de los días". El tonalpohualli se usaba para determinar cuándo debían realizarse rituales específicos, así como para la astrología y la toma de auspicios, y estaba además conectado con el mundo de lo divino al tener varios dioses que presidían ciertas unidades de tiempo así como días específicos.

El calendario sagrado azteca se componía de un conjunto de 20 "signos de día", como "caimán", "muerte" o "cuchillo de pedernal", que se producían y repetían en un orden fijo. Junto a estos signos había una cuenta de 13 días que se conoce en español como *trecena* (la palabra original en náhuatl es desconocida), de tal manera que un día en particular podría ser llamado "3 Mono" u "11 Caña", por ejemplo. El conteo de números se reiniciaba cuando se llegaba al día trece y continuaba numéricamente cuando se acababa el conteo de 20 días. Así, el signo del día "Calli" (Casa) podría ser "1 Calli" en un ciclo, pero "8 Calli" en otro. En el cuadro que figura a continuación se muestran todos los signos diurnos y la forma en que interactúan con la cuenta de los 13 días:

Nombre del día	Traducción	Cuenta de días		
Cipactli	Caimán	1	8	2
Ehécatl	Viento	2	9	3
Calli	Casa	3	10	4
Cuetzpallin	Lagarto	4	11	5
Coatl	Serpiente	5	12	6
Miquiztli	Muerte	6	13	7
Mazatl	Venado	7	1	8
Tochtli	Conejo	8	2	9
Atl	Agua	9	3	10
Itzcuintli	Perro	10	4	11
Ozomatli	Mono	11	5	12
Malinalli	Césped	12	6	13
Acatl	Caña	13	7	1
Ocelotl	Jaguar	1	8	2
Cuauhtli	Águila	2	9	3
Cozcacuauhtli	Buitre	3	10	4
Ollin	Movimiento	4	11	5
Tecpatl	Cuchillo pedernal	5	12	6
Quiahuitl	Lluvia	6	13	7
Xochitl	Flor	7	1	8 etc.

Después de Michael E. Smith, Los aztecas, *3ª ed.*
(Chicester: Wiley-Blackwell, 2011), 252.

Como vemos en la tabla, cuando una trecena se acaba, una nueva comienza de nuevo con el signo del día siguiente. Así, una trecena que comienza en 1 Cipactli termina en 13 Acatl, y la nueva trecena comienza en 1 Ocelotl y continúa hasta el final de la lista de signos del día en 7 Xochitl. La lista de signos diurnos se reinicia en medio de la trecena, en el 8 Calli, y esta segunda trecena termina en el 13 Miquiztli. La siguiente trecena comienza en 1 Mazatl, y así sucesivamente. Esta combinación entrelazada de signos de 20 días y 13 números significa que se necesitan 260 días para recorrer un ciclo completo, que contiene 260 combinaciones únicas de signos de días y números. Además, cada trecena del ciclo estaba asociada a una deidad particular.

Cuando se combinan el calendario solar y el calendario ritual forman un ciclo que comienza y termina en un espacio de 52 años. Este ciclo se conoce como *xiuhmolpilli* (conjunto de años) en náhuatl, aunque los estudiosos de habla inglesa a veces se refieren a él como "ronda del calendario". Al igual que el calendario ritual, el conteo de la ronda del calendario se basaba en el número 13, trabajando dentro de un ciclo de 13 años, excepto que con solo cuatro años en lugar de 20 días. Estos cuatro años se llamaban, en orden, Tochtli, Acatl, Tecpatl y Calli. Por lo tanto, el ciclo de un año iba 1 Tochtli, 2 Acatl, 3 Tecpatl, 4 Calli, 5 Tochtli, 6 Acatl, y así sucesivamente hasta que hubieran pasado 13 años y el siguiente ciclo comenzara en 1 Acatl. Después de 52 años, el ciclo volvería a su lugar de inicio en 1 Tochtli.

Dentro de este ciclo, los días se describen por su posición en el calendario solar, el calendario ritual, y el ciclo de cuatro nombres de 13 años de conteos dentro de la ronda del calendario. Debido a que la designación de cada día se repite cada 52 años, los estudiosos occidentales deben hacer algunos cálculos y eventos de investigación para alinear el calendario azteca con el occidental. Si tomamos como ejemplo la fecha de la llegada de los españoles a Tenochtitlan, el 8 de noviembre de 1519, veríamos que la designación de ese día en el calendario ritual sería 8 Ehécatl; en el calendario solar era 9 Quecholli; y el año era 1 Acatl. (Nota: algunas alineaciones de los calendarios occidental y azteca lo colocan como 7 Cipactli, 8 Quecholli, 1 Acatl.)

Por lo tanto, vemos que el número 52 y sus factores 4, 13 y 26 eran centrales para el concepto azteca del tiempo y la práctica de la cronología, y que el ciclo xiuhmolpilli de 52 años era central para la cosmología azteca, ya que el 52 era un número asociado con la finalización y la plenitud del tiempo. Cada 52 años, los aztecas celebraban la Ceremonia del Fuego Nuevo, cuya realización exitosa creían necesaria para la continuación del universo. La ceremonia consistía en la extinción de todos los fuegos en la ciudad, después de lo cual un hombre sería sacrificado arrancándole el corazón; en su cavidad torácica se encendería el nuevo fuego. A partir de esta nueva llama, los fuegos se encenderían primero en los templos, luego en otros espacios importantes, y luego se distribuirían a las casas privadas. Si la ceremonia no se llevaba a cabo correctamente, o si el fuego no se encendía, entonces los "tzitzimime", los espíritus de las estrellas, venían a la tierra y devoraban a la gente. Para los aztecas, por lo tanto, el cronometraje adecuado y el uso apropiado del calendario eran más que una forma de llevar la cuenta de los días y los años; era un medio para cronometrar los ciclos del propio universo, que los seres humanos eran responsables de mantener en movimiento a través de sacrificios de sangre.

PARTE I: DIOSES, DIOSAS Y COSMOLOGÍA AZTECA

La Leyenda de los Soles

No hay un mito único de la creación azteca, sino más bien varias variantes de cómo el mundo llegó a ser. Uno de los mitos primarios es la "Leyenda de los Soles", que explica la repetida creación, destrucción y recreación del mundo hasta que finalmente asume la forma que conocemos hoy en día. Estos mitos también explican por qué el sacrificio de sangre era una parte tan integral de la práctica religiosa azteca; fue esta sangre la que mantuvo a la tierra y al sol en existencia porque los dioses que eran la tierra y el sol demandaban el sustento en esa forma.

Vemos aquí importantes conexiones entre el concepto azteca del tiempo tal y como fue establecido en su sistema calendárico y su comprensión de las fases de la creación. Dentro de la cultura azteca y las prácticas de seguimiento del tiempo, el número 13 era sagrado y se tomaba para representar una forma de totalidad, al igual que el número 52. Por lo tanto, los dos primeros "soles" representan un espacio de tiempo completo, ya que su extensión de 676 años es igual a 13 veces 52. Los dos segundos "soles", sin embargo, no son completos en sí mismos, ya que representan 7 veces 52 y 6 veces 52, respectivamente.

El número 4 también tiene asociaciones con la totalidad a través de su función dentro del conteo de años aztecas y en su referencia a los cuatro puntos cardinales. Vemos estas conexiones en el mito de la creación que se relata a continuación con respecto al número de los primeros dioses principales creados por la unión de Tonacatecuhtli y Tonacacihuatl, los aspectos masculinos y femeninos del dios creador Ometeotl.

Hace mucho, mucho tiempo, incluso antes de que llegara el tiempo, estaba Ometeotl, el Dios Dual. Ometeotl fue creado por la unión del dios Tonacatecuhtli y la diosa Tonacacihuatl, el Señor y la Señora de nuestro sustento. Y así Ometeotl fue uno y dos al mismo tiempo. Llegaron a ser de la nada, y durante un tiempo fueron todo lo que había en todo el universo, ya que nada más se había hecho todavía.

Tonacatecuhtli y Tonacacihuatl tuvieron cuatro hijos. Había un Xipe Totec rojo (el dios desollado), dios de las estaciones y de las cosas que crecen en la tierra; un Tezcatlipoca negro (Espejo Humeante), dios de la tierra; un Quetzalcóatl blanco (Serpiente Emplumada), dios del aire; y un Huitzilopochtli azul (colibrí del sur), dios de la guerra. Los dioses-niños vivían en el decimotercer cielo con sus padres. De estos niños, Tezcatlipoca era el más poderoso. Juntos, los cuatro hijos del dios dual decidieron que les gustaría crear un mundo y que algunas personas vivieran en él. Les llevó varios intentos antes de que el mundo se convirtiera en lo que conocemos hoy en día, porque los dioses lucharon por quién debía ser el sol y gobernar la tierra.

El primer intento de creación fue hecho por Quetzalcóatl y Huitzilopochtli. Primero, hicieron un fuego, que era el sol. Pero no era lo suficientemente grande o fuerte como para dar mucha luz o calor, ya que era solo la mitad de un sol.

Después de hacer el sol, Quetzalcóatl y Huitzilopochtli hicieron un hombre y una mujer. Llamaron a la mujer Oxomoco, y al hombre

Cipactonal. Los dioses les dijeron al hombre y a la mujer qué trabajos debían realizar. El hombre debía ser un agricultor, mientras que el deber de la mujer era hilar y tejer telas. Los dioses le dieron a la mujer el regalo del maíz. Algunos de los granos eran mágicos y podían curar enfermedades o ayudar a predecir el futuro. Juntos Oxomoco y Cipactonal tuvieron muchos hijos, que se convirtieron en los macehuales, los campesinos que trabajaban la tierra.

Aunque ya había medio sol, y aunque ya había un hombre y una mujer, los dioses aún no habían creado el tiempo. Esto lo hicieron haciendo días y meses. Cada mes tenía veintiún días. Y cuando habían pasado dieciocho meses, esto hacía trescientos sesenta días, y ese lapso los dioses lo llamaban un año.

Después de que hubiera un sol, un hombre y una mujer, y tiempo, los dioses crearon el inframundo, que se llamó Mictlán. Luego Quetzalcóatl y Huitzilopochtli hicieron otros dos dioses para gobernar este lugar. Se llamaron Mictlántecuhtli y Mictecacíhuatl, el Señor y la Señora de Mictlán.

Cuando todo esto se hizo, Quetzalcóatl y Huitzilopochtli crearon un poco de agua, y en ella colocaron un pez gigante. El pez se llamaba Cipactli, y la tierra estaba hecha del cuerpo del pez.

Oxomoco y Cipactonal tuvieron un hijo llamado Piltzintecuhtli. Los dioses lo miraron y vieron que no tenía esposa. En ese momento, había una diosa de la belleza y de las jóvenes mujeres llamada Xochiquétzal (pluma de flor de quetzal). Los dioses tomaron un poco de pelo de Xochiquétzal y de él hicieron una mujer para que fuera la esposa de Piltzintecuhtli.

Los dioses miraban todas las cosas que habían creado y no estaban satisfechos con ellas, especialmente con el sol, que era demasiado débil para dar mucha luz. Tezcatlipoca pensó en cómo hacer más brillante el viejo sol, pero luego pensó en una idea mejor: se convirtió a sí mismo en el sol. Este nuevo sol era mucho mejor que el antiguo. Era un sol completo, y daba suficiente luz al mundo que los dioses habían creado. Este fue el comienzo de la primera edad del mundo, la edad del Primer Sol.

Los dioses también querían más seres en su nuevo mundo. Crearon una raza de gigantes que solo comían piñones. Los gigantes eran muy grandes y muy fuertes. Tan fuertes eran estos gigantes que podían arrancar árboles con sus propias manos.

Así que, durante un tiempo, Tezcatlipoca brilló sobre el mundo que los dioses habían creado. Pero después de que este mundo existiera durante 13 veces 52 años, o 676 años, Quetzalcóatl pensó que su hermano había reinado como el sol durante suficiente tiempo. Tomó su garrote y golpeó a Tezcatlipoca con él, enviándolo en picada hacia abajo, hacia las aguas que rodeaban el mundo. Tezcatlipoca estaba muy enojado porque Quetzalcóatl había hecho esto. Se levantó del agua en forma de un jaguar gigante, y con esta forma, vagó por toda la tierra. El jaguar cazó a todos los gigantes y devoró a cada uno de ellos. Una vez que todos los gigantes fueron devorados, Tezcatlipoca volvió a subir a los cielos, donde se convirtió en la constelación del Jaguar (Osa Mayor).

La segunda edad del mundo fue la edad del Segundo Sol. Esta fue la edad del viento. Quetzalcóatl hizo este mundo, y Quetzalcóatl fue el sol durante esta edad. Los macehuales vivían en esta era comiendo nada más que piñones. La segunda edad también duró 676 años, hasta que Tezcatlipoca se vengó de su hermano. Tezcatlipoca vino al mundo en una ráfaga de viento tan grande que Quetzalcóatl y los macehuales fueron arrasados, aunque algunos de los macehuales escaparon de la explosión. Estos se convirtieron en monos, y huyeron a las selvas para vivir.

Después de que la época del Segundo Sol se completó, el dios de la lluvia cuyo nombre era Tlaloc (el que hace brotar las cosas) se convirtió en el sol y gobernante de la creación, y su edad es la edad del Tercer Sol. Esta edad duró siete veces 52 años, o 364 años. Durante esta edad, la gente comía las semillas de una planta que crecía en el agua. Pero de nuevo, Quetzalcóatl destruyó este mundo. Hizo caer una lluvia de fuego, y toda la gente se convirtió en pájaros.

Después de que Quetzalcóatl terminó el reinado de Tláloc, le dio el mundo a la esposa de Tláloc, Chalchiuhtlicue (mujer de la falda de jade) para que lo gobernara. Chalchiuhtlicue era la diosa de los ríos, arroyos y todo tipo de aguas. Fue el sol durante seis veces 52 años, o 312 años. Esta cuarta edad solar fue una época de grandes lluvias. Llovió tanto tiempo y tan fuerte que hubo una gran inundación que cubrió la tierra. El diluvio arrastró a los macehuales, convirtiéndolos en peces. Después de que la inundación terminó, el cielo se cayó y cubrió la tierra para que nada pudiera vivir en ella.

Los dioses miraron el mundo que habían creado y vieron cómo había sido destruido por sus disputas. Quetzalcóatl y Tezcatlipoca hicieron las paces y bajaron a reconstruir el mundo. Cada uno de los dioses fue a un extremo del mundo, donde se transformaron en grandes árboles. Con sus poderosas ramas de árbol, empujaron el cielo a su lugar, y lo mantuvieron allí quieto.

El dios Tonacatecuhtli, padre de Quetzalcóatl y Tezcatlipoca, miró hacia abajo y vio que los hermanos habían dejado de luchar y habían trabajado juntos para reparar lo que su ira había roto. Tonacatecuhtli, por lo tanto, les dio a los hermanos los cielos estrellados para que los gobernaran, e hizo una carretera de estrellas para que la usaran mientras viajaban; esta carretera es la Vía Láctea.

Entonces los dioses crearon nuevas personas para que caminen sobre la tierra. Una vez que el cielo se puso de nuevo en su lugar, Tezcatlipoca tomó un pedernal y lo usó para hacer fuego. Estos fuegos iluminaron el mundo, ya que el viejo sol había sido destruido en la inundación y aún no se había hecho uno nuevo. Además, no había gente, ya que los gigantes habían sido devorados, y la gente se había convertido en monos, pájaros y peces. Así que Tezcatlipoca se reunió con sus hermanos para asesorarse sobre qué hacer. Juntos decidieron que había que crear un nuevo sol, pero este sería un nuevo tipo de sol, uno que comiera corazones humanos y bebiera sangre humana. Sin sacrificios para alimentarlo, este sol dejaría de brillar, y el mundo volvería a la oscuridad una vez más. Así que los dioses crearon cuatrocientos hombres y cinco mujeres, y estos serían el alimento del nuevo sol.

Algunos dicen que Quetzalcóatl y Tláloc querían que sus hijos se convirtieran en el Quinto Sol, y que estos dioses llevaron a sus hijos a uno de los grandes fuegos que se habían encendido. El hijo de Quetzalcóatl había nacido sin madre. El dios arrojó a su hijo al fuego primero, y se convirtió en el nuevo sol. Su hijo se levantó del fuego y se fue al cielo, donde todavía permanece hoy en día. Tláloc esperó hasta que el fuego casi se extinguió. Tomó a su hijo, cuya madre era Chalchiuhtlicue, y lo arrojó a las brasas brillantes y a las cenizas. El hijo de Tláloc se levantó del fuego y fue al cielo como la luna. Debido a que el hijo de Quetzalcóatl fue al fuego ardiente, se convirtió en una criatura de fuego y brilla con una luz demasiado brillante para mirar. Pero debido a que el hijo de Tláloc fue a las brasas y las cenizas, su luz es más tenue y su rostro está salpicado de cenizas. Y así es como la noche se dividió del día, y por qué la luna y el sol cruzan el cielo de diferentes maneras y por diferentes caminos.

Pero otro cuento relata cómo el enfermizo dios Nanahuatzin se sacrificó voluntariamente para convertirse en el Quinto Sol. Los dioses se habían reunido en la gran ciudad de Teotihuacan para discutir cómo podrían hacer un nuevo sol para reemplazar al viejo que había sido destruido en la inundación. Uno de ellos tenía que saltar a una hoguera brillante y luego elevarse al cielo. Nanahuatzin, dios de la enfermedad, cuyo nombre significa "Lleno de llagas", se presentó—. Haré esto—dijo—aunque mi cuerpo esté enfermo y doblado, y aunque mi piel esté cubierta de lepra.

Los otros dioses se rieron de Nanahuatzin. Dijeron—: Tonto. Eres enfermizo y débil. No tendrás el coraje de saltar al fuego. Deja que otro se convierta en el sol.

Entonces Tecuciztecatl (el del lugar de la concha), se presentó. Era un dios muy rico, bien hecho en cuerpo y bien vestido con todo tipo de adornos de oro y plumas—. Haré esto—dijo—porque sería mejor que un dios saludable hiciera este sacrificio en vez de uno enfermizo.

Los otros dioses estuvieron de acuerdo en que así fuera y provocaron un gran fuego. Mientras esto se hacía, Tecuciztecatl y Nanahuatzin se retiraron a lugares donde podrían ayunar y preparar ofrendas para purificarse para que fueran dignos de convertirse en el nuevo sol. Tecuciztecatl preparó ofrendas hechas de las cosas más finas, de plumas de jade y quetzal, y bolas de oro. Las ofrendas de Nanahuatzin eran humildes cañas y las espinas del cactus maguey.

En el momento indicado, Tecuciztecatl y los otros dioses se reunieron alrededor del fuego. El dios rico, vestido con sus mejores galas, se acercó a la gran hoguera con su calor abrasador. Hizo como si se arrojara, pero en el último minuto se frenó y se alejó. Una vez más, lo intentó, pero no pudo saltar a las llamas. Lo intentó una y otra vez, pero cada vez le faltó valor. Después de la cuarta vez, se alejó de la hoguera y de los otros dioses, avergonzado de no haber podido convertirse en el sol como se había jactado de que lo haría.

Los otros dioses se preguntaban cómo harían un nuevo sol, ya que Tecuciztecatl no había logrado saltar al fuego. Pero no todo estaba perdido; Nanahuatzin no había olvidado su oferta de convertirse en el nuevo sol, y también había ayunado y se había purificado para que fuera un sacrificio adecuado. El enfermizo dios se adelantó, vestido con ropas de papel, y caminó directamente hacia el furioso fuego. Miró fijamente al corazón de la llama por un momento, y luego se lanzó al corazón mismo de las llamas.

El cabello de Nanahuatzin estaba en llamas. Su ropa estaba ardiendo. Su piel crepitaba con el calor de las llamas que lamían todo su cuerpo. Tecuciztecatl vio el coraje del enfermizo Nanahuatzin y se avergonzó profundamente. Así que también dio un paso adelante y saltó a las llamas con Nanahuatzin. Un águila y un jaguar también habían estado observando el sacrificio. Vieron el coraje de Nanahuatzin y de Tecuciztecatl, y así se unieron a los dioses, lanzándose entre las llamas. Por eso las plumas del águila tienen la punta negra y el jaguar está cubierto de manchas negras. También es por eso que los aztecas crearon las órdenes del águila y el jaguar para honrar a sus guerreros más valientes.

Después de que el águila y el jaguar se arrojaran al fuego, los otros dioses esperaron a ver qué sería de Nanahuatzin y Tecuciztecatl. Muy lentamente la luz comenzó a bordear el mundo. Los dioses miraron a su alrededor, preguntándose dónde estaba la fuente de la luz. Entonces, de repente, Nanahuatzin irrumpió en el horizonte oriental, cubriendo el mundo con la luz más brillante. Su sacrificio lo transformó del humilde y enfermizo dios leproso en un nuevo dios-sol: Ollin Tonatiuh, cuyo nombre significa "movimiento del sol".

Pero Tecuciztecatl también se había transformado por su sacrificio, y poco después de que Nanahuatzin se elevara al cielo, también lo hizo Tecuciztecatl. Y ahora los dioses tenían un nuevo problema, ya que no había uno sino dos soles en el cielo, y la luz que hacían juntos era demasiado brillante para que alguien pudiera ver algo. Uno de los dioses agarró un conejo que estaba cerca y lo arrojó a la cara de Tecuciztecatl. El conejo golpeó a Tecuciztecatl tan fuerte que su luz se oscureció. Así fue como se creó la Luna, y la forma de un conejo quedó marcada permanentemente en su cara.

Entonces los dioses se regocijaron porque ahora tenían tanto un sol como una luna. Pero su alegría duró poco porque Tonatiuh se negó a moverse de su lugar en el cielo hasta que todos los dioses se sacrificaron por él. Los otros dioses se enfadaron y se negaron a hacer esto, pero Tonatiuh se mantuvo firme. No se movería hasta que hubiera bebido la sangre de los otros dioses.

Tlahuizcalpantecuhtli (señor del amanecer), que es la Estrella de la Mañana, dijo—Detendré a Tonatiuh. Te salvaré de tener que ser sacrificado. —Tlahuizcalpantecuhtli lanzó un dardo a Tonatiuh con todas sus fuerzas, pero falló. Tonatiuh lanzó su propio dardo a la Estrella de la Mañana, golpeándolo en la cabeza. Esto cambió a Tlahuizcalpantecuhtli en Itztlacoliuhqui (obsidiana torcida), el dios del frío, la escarcha y la obsidiana, y por eso siempre hace frío justo antes de que salga el sol.

Los otros dioses se dieron cuenta de que no podían seguir rechazando lo que Tonatiuh exigía. Se presentaron ante él con los pechos desnudos, y Quetzalcóatl les cortó el corazón con un cuchillo de sacrificio. Una vez que los dioses fueron sacrificados, Quetzalcóatl tomó sus ropas y ornamentos y los envolvió en paquetes de sacrificio. Estos paquetes sagrados eran entonces adorados por el pueblo.

Saciado con la sangre de los dioses, Tonatiuh comenzó a moverse por el cielo, y lo ha hecho desde entonces. Y este fue el nacimiento del Quinto Sol, el Sol bajo el cual toda la vida vive hasta el día de hoy. Pero aun así la gente ofreció sangre y corazones al sol, para asegurarse de que esté satisfecho y mantenerlo en su camino sagrado a través del cielo.

Ahora, otra leyenda dice que la reconstrucción de la tierra después del gran diluvio ocurrió de una manera diferente. Este cuento dice que Quetzalcóatl y Tezcatlipoca miraron hacia abajo y vieron que no había nada más que agua, pero en esta agua nadaba un gran monstruo. El nombre del monstruo era Tlaltecuhtli, que significa "Señor de la Tierra", aunque la propia criatura era hembra. Era una cosa gigante, con bocas en todo el cuerpo y un deseo voraz de comer carne. Los dioses pensaron que era probable que el monstruo devoraría cualquier cosa que lograran crear, así que idearon un plan para deshacerse de Tlaltecuhtli y hacer una nueva tierra al mismo tiempo. Quetzalcóatl y Tezcatlipoca se transformaron en monstruosas serpientes. En estas formas, se sumergieron en el agua y atacaron a Tlaltecuhtli. Los dioses se envolvieron alrededor del cuerpo del monstruo y comenzaron a tirar. No importaba cuán fuerte golpeara Tlaltecuhtli, no podía escapar de las garras de los dioses. Lentamente, el cuerpo del monstruo comenzó a desgarrarse, hasta que finalmente se partió en dos. La mitad superior de Tlaltecuhtli se convirtió en la nueva tierra, y la mitad inferior fue lanzada al cielo para convertirse en los cielos.

Tlaltecuhtli gritó de dolor al ser despedazada. Los otros dioses la escucharon en su agonía y estaban enojados por lo que Quetzalcóatl y Tezcatlipoca le habían hecho, pero no pudieron curar sus heridas. En cambio transformaron su cuerpo. Su cabello se convirtió en flores, arbustos y árboles, y de su piel crecieron los pastos. Agua fresca brotó de sus ojos en forma de ríos, pozos y arroyos, y sus bocas se convirtieron en las cuevas del mundo. Las montañas y los valles se hicieron de su nariz. Pero aunque ya no era un monstruo, Tlaltecuhtli todavía tenía necesidad de sangre y carne fresca, y así una vez que la gente fue creada, hicieron sacrificios para alimentarla. De esta manera, la tierra continúa proveyendo todas las cosas que la gente y los animales necesitan para vivir.

Pero los dioses primero necesitaban crear a la nueva gente ya que toda la gente que había vivido bajo los cuatro soles anteriores se había convertido en monos, pájaros y peces, y que los huesos de los que habían muerto se guardaban en Mictlán. Así que los dioses enviaron a Quetzalcóatl a Mictlán para ver si podía traer los huesos de los que habían sido convertidos en peces.

—Oh Mictlántecuhtli—dijo Quetzalcóatl—. He venido a buscar los huesos de los que se convirtieron en peces.

—¿Por qué los quieres?—preguntó el Señor de Mictlán.

—La tierra fue destruida en el gran diluvio—dijo Quetzalcóatl, la Serpiente Emplumada—y la hemos reconstruido e hicimos un nuevo sol, una nueva luna y un nuevo cielo, pero no hay gente. Deseamos usar los huesos para hacer nuevos pueblos, porque es bueno que la tierra esté habitada.

Pero Mictlántecuhtli estaba celoso de todas las cosas que guardaba dentro de su reino. No le importaba si la tierra tenía gente o no, y no quería que Quetzalcóatl tuviera los huesos. Así que le hizo una prueba a Quetzalcóatl.

Mictlántecuhtli le dio una concha a Quetzalcóatl y le dijo—Puedes tener los huesos si caminas cuatro veces alrededor de todo Mictlán mientras soplas ráfagas en esta concha.

Quetzalcóatl pensó que era un desafío fácil de superar, hasta que miró de cerca la concha. Aún no se había convertido en una trompeta, y no había manera de que él hiciera ningún sonido en ella. Pero Quetzalcóatl era amigo de los gusanos. Llamó a los gusanos para que vinieran a hacer agujeros en la concha. Quetzalcóatl también era amigo de las abejas. Llamó a las abejas para que vinieran y zumbaran dentro de la concha para hacer un gran ruido. Y así, Quetzalcóatl fue capaz de pasar la prueba que el Señor de Mictlán le había preparado.

Mictlántecuhtli le dio los huesos a Quetzalcóatl, como había prometido, pero no tenía intención de permitir que salieran de

Mictlán. Mictlántecuhtli ordenó a sus sirvientes que cavaran una fosa profunda a lo largo del camino que Quetzalcóatl estaba tomando. Quetzalcóatl sabía que Mictlántecuhtli no era digno de confianza, así que se apresuró a dejar Mictlán antes de que le quitaran los huesos. Mientras Quetzalcóatl corría por el camino, Mictlántecuhtli envió un pájaro para volar en la cara de la Serpiente Emplumada y asustarlo justo cuando se acercaba al pozo. Cuando el pájaro voló hacia Quetzalcóatl, perdió el equilibrio y cayó en el pozo. Su caída rompió los huesos de pescado en muchos pedazos, y es por eso que la gente es de todos los tamaños.

Después de un tiempo, Quetzalcóatl se recuperó de su caída. Recogió todos los pedazos de los huesos y salió de la fosa. Pudo dejar Mictlán a salvo, y poco a poco llegó a un lugar llamado Tamoanchan, tierra del cielo nublado, un lugar sagrado y bendito. Quetzalcóatl le dio los huesos a la diosa Cihuacoatl, la mujer serpiente. Cihuacoatl puso los huesos en su cuerna y los molió hasta convertirlos en una fina harina. Puso la harina de huesos en un frasco especial, y todos los dioses se reunieron a su alrededor. Uno por uno, los dioses perforaron su carne y dejaron caer gotas de su sangre sobre los huesos. Cuando los huesos y la sangre se mezclaron en una masa, los dioses le dieron forma de personas. Los dioses dieron vida a las formas de la masa y las pusieron sobre la tierra para que vivieran.

Y estos son los cuentos de cómo llegó la creación, y por qué vivimos bajo el Quinto Sol, y por qué la tierra y el sol exigen sacrificios a la gente que vive en la tierra bajo la luz del sol.

Las acciones de Mixcóatl

Una obra original sobreviviente del fraile español del siglo XVI Andrés de Olmos es la Historia de los Mexicanos por sus pinturas. *En esta obra, también conocida como el* Códice Ramírez, *de Olmos da cuenta de los mitos aztecas. Una sección del códice está dedicada al dios Camaxtli, que también era conocido como Mixcóatl (serpiente nube). De Olmos entendía a Mixcóatl como un aspecto de*

Tezcatlipoca más que como una figura separada. En este breve relato, se dice que Mixcóatl, dios de la caza y de la Vía Láctea, originó tanto la guerra ritual como la práctica azteca de perforar la lengua y las orejas para hacer una ofrenda de sangre.

La guerra ritual era un aspecto importante de la vida azteca. Los sacrificios para los dioses tenían que ser adquiridos de alguna manera y en alguna cantidad, por lo que las ciudades-estado aztecas se desafiaban a las batallas de forma regular. El propósito de esta guerra no era la conquista, y tampoco era el punto de matar a tantos enemigos como fuera posible. Más bien, se esperaba que los guerreros capturaran tantos enemigos como pudieran. Estos cautivos eran llevados de vuelta a la ciudad natal de los vencedores, donde se convertían en víctimas de sacrificio. Los aztecas creían que las muertes más nobles que un hombre podía esperar eran o bien perecer en la batalla o ser ofrecido en sacrificio a los dioses, después de lo cual el alma se transformaría en un colibrí.

El nombre "Chichimecas" se refería a los diversos pueblos que vivían fuera del valle de México y a veces tenía connotaciones similares a la de nuestra palabra inglesa "bárbaro". Aquí vemos que Mixcóatl crea a estas personas precisamente para que puedan ser masacradas, y también las convierte en borrachos, un estado que era anatema para los aztecas y que podía ser castigado con la muerte.

Y así, sucedió que un año después de que el nuevo sol había sido creado y alimentado por la sangre de los dioses, Mixcóatl pensó para sí mismo que sería bueno asegurarse de que al sol nunca le faltara sangre o corazones. Por lo tanto, subió al octavo cielo y allí hizo cuatro hombres y una mujer.

—Bajen a la tierra—dijo Mixcóatl a las nuevas personas—. Vayan allí y aprendan el arte de la guerra, porque el sol necesita sangre para beber y corazones para comer.

Mixcóatl luego arrojó a la nueva gente a la tierra, donde aterrizaron en el agua. Pero inmediatamente regresaron a los cielos, y así el deseo de Mixcóatl de que hicieran la guerra no se cumplió. Así que al año siguiente Mixcóatl pensó de nuevo en cómo crear nuevos pueblos para que hubiera guerra y sacrificios, y esta vez fue a la tierra y encontró una gran piedra, que golpeó fuertemente con su garrote. La piedra se abrió, y de ella salieron 400 chichimecas, que fueron los primeros en vivir en México antes de que llegaran los aztecas.

Mixcóatl vio que sus esfuerzos habían sido en vano porque los chichimecas no conocían aún el arte de la guerra, ya que no tenían enemigos, y no hacían la guerra entre ellos ya que eran parientes entre sí, y los cinco pueblos originales que había creado para hacer la guerra, para proporcionar sangre y corazones al sol, habían regresado a los cielos. Así que, durante once años Mixcóatl hizo penitencia. Tomó las afiladas espinas del cactus maguey, y con ellas, se perforó la lengua y las orejas. Las perforó para que la sangre goteara como ofrenda y penitencia, para que los cuatro hombres y una mujer que había creado volvieran a la tierra y les hicieran la guerra a los chichimecas. Y de esta manera Mixcóatl comenzó la práctica de estas pequeñas ofrendas de sangre usando las espinas del maguey en la lengua y las orejas, lo que el pueblo entonces también hacía en reverencia y súplica a los dioses.

Cuando la penitencia de Mixcóatl fue hecha, los cuatro hijos y una hija que creó bajaron de los cielos. Fueron a la tierra, donde hicieron casas en los árboles, y en los árboles alimentaron a las águilas, que también hicieron sus nidos allí.

Mientras los cinco primeros hijos de Mixcóatl hacían sus nuevas casas en los árboles, Mixcóatl se imaginó cómo hacer que los chichimecas y sus cinco hijos se hicieran la guerra entre ellos para proporcionar sangre y corazones al sol. Por lo tanto, Mixcóatl tomó la savia del maguey y mostró a los chichimecas cómo hacer pulque y otros vinos con ella. Una vez que los chichimecas aprendieron lo bueno que era este vino, pasaron todo el tiempo haciéndolo y bebiéndolo, y así pasaron sus días en la embriaguez. Y así, sucedió que un día los chichimecas vieron a los cinco hijos de Mixcóatl sentados en sus árboles, y los niños vieron que los chichimecas estaban borrachos y no valían nada. Por lo tanto, los niños bajaron de los árboles y mataron a todos los chichimecas excepto a tres que escaparon, uno de ellos era Mixcóatl, que se había convertido en un chichimeca.

Y así fue como Mixcóatl enseñó a la gente el arte de la guerra y la manera apropiada de hacer penitencia, para que siempre hubiera sangre y corazones con los que alimentar al sol.

El origen del maíz y la creación del pulque

Dos de los alimentos básicos más importantes en la agricultura azteca eran el maíz y el maguey, que es un tipo de cactus de agave. El maíz era, y sigue siendo, un alimento básico para muchas culturas tradicionales centroamericanas y ocupaba un lugar importante en su mitología y en sus conceptos de sí mismos como pueblos. El pulque era una bebida embriagadora utilizada principalmente con fines rituales, pero la planta de maguey tenía usos más allá de proporcionar la savia con la que se fermentaba el pulque. Las hojas eran comestibles y se usaban para hacer papel; las espinas se usaban como objetos rituales y como agujas; y con sus fibras se podían hacer cuerdas y telas. En las historias sobre el maíz y el pulque, como en el cuento anterior de la creación de nuevas personas a partir los huesos de pescado y la sangre de los dioses, vemos la función vital de Quetzalcóatl como un embaucador que utiliza sus habilidades de cambio de forma para encontrar cosas que beneficien a los seres humanos.

Oxomoco y Cipactonal, el primer hombre y primera mujer que se creó, juegan un papel importante en la entrega del maíz a la gente. Aquí vemos que el mito azteca está dividido en cuanto a cuál de estos personajes míticos es masculino y cuál femenino. En la "Leyenda de los Soles", contada anteriormente, Oxomoco es femenino y Cipactonal masculino, pero en la historia del origen del maíz, estos géneros se invierten.

Una vez que los dioses habían recreado a la gente con su propia sangre los huesos de los peces que Quetzalcóatl sacó del Mictlán, vieron que estos nuevos seres no tenían comida, así que fueron a buscar una fuente de alimento para la gente. Quetzalcóatl buscó y buscó, y finalmente vio una pequeña hormiga que llevaba un grano de maíz en sus mandíbulas.

—¿De dónde sacaste eso?—le preguntó Quetzalcóatl a la hormiga.

—No voy a decírtelo—dijo la hormiga, y continuó su marcha de regreso a su hormiguero.

Quetzalcóatl siguió a la hormiga—. Eso parece una buena comida—dijo el dios—. ¿De dónde lo has sacado?

Pero la hormiga no respondió. Siguió caminando con el maíz en sus mandíbulas. Quetzalcóatl no se rendía—. ¿De dónde sacaste eso?—le preguntó a la hormiga.

La hormiga vio que el dios no la dejaría en paz hasta que contestara su pregunta, así que la hormiga llevó a Quetzalcóatl a una gran montaña llamada Tonacatepetl, la montaña de la comida. Quetzalcóatl vio largas filas de hormigas entrando y saliendo de la montaña. Se transformó en una hormiga y siguió a su guía a la montaña. Dentro de la montaña había enormes montones de maíz y otras cosas buenas para comer. Aún en forma de hormiga, Quetzalcóatl tomó un grano de maíz en sus mandíbulas y lo llevó fuera de la montaña. Cuando hubo recogido suficiente maíz, lo llevó de vuelta a Tamoanchan, el lugar bendecido, donde los dioses estaban esperando con su gente recién creada. Quetzalcóatl entregó los granos de maíz a los dioses. Probaron el maíz y se dieron cuenta de que sería el mejor alimento de todos para la nueva gente. Pero no sabían cómo sacarlo de la montaña y llevarlo a su nuevo pueblo, ya que convertirse en hormigas para extraerlo grano por grano les llevaría demasiado tiempo y trabajo.

—¡Ya sé!—dijo Quetzalcóatl a los otros dioses—. Iré a buscar la montaña y la traeré aquí, si me ayudan.

Así que los dioses fueron juntos a la montaña Tonacatepetl. Ataron muchas cuerdas fuertes alrededor de la montaña. Tiraron y tiraron y tiraron, pero la montaña no se movió. Quetzalcóatl y los otros dioses volvieron a Tamoanchan sintiéndose muy desanimados.

Entonces Oxomoco tomó algunos de los granos de maíz que Quetzalcóatl había traído con él. Con la ayuda de su esposa, Cipactonal, Oxomoco realizó una adivinación con el maíz.

—¿Qué te dicen los granos de maíz?—preguntó Quetzalcóatl.

Oxomoco dijo—: Hay que abrir la montaña, pero el único que puede hacerlo es Nanahuatzin.

Nanahuatzin, el dios enfermizo, accedió a abrir la montaña de los alimentos. Le preguntó a Tlaloc, el dios de la lluvia, si podía tener la ayuda de los tlaloque, los sirvientes de Tlaloc que son los señores de la lluvia y el rayo. Tláloc dijo—Con gusto los dejaré ir con ustedes.

Tláloc convocó a sus cuatro sirvientes, y estos eran el tlaloque azul, el tlaloque blanco, el tlaloque amarillo y el tlaloque rojo—. Irán con Nanahuatzin y le ayudarán a abrir la montaña de comida—dijo Tlaloc a sus sirvientes.

Y así, Nanahuatzin y los tlaloque fueron a la montaña Tonacatepetl. Nanahuatzin y el tlaloque usaron sus poderes para abrir la montaña. De la montaña vertieron todo lo bueno: maíz, frijoles, amaranto y muchas otras semillas que la gente podía plantar y comer como alimento. Pero los dioses estaban celosos de esta recompensa, así que el tlaloque se lo llevó todo. Así, Tláloc y sus sirvientes reparten lluvia y comida a la gente en la estación.

Quetzalcóatl y los otros dioses miraron a la gente que habían creado. La gente tenía comida para comer y semillas para plantar, y la tierra en la que vivían era buena, pero la gente no estaba contenta. Así que Quetzalcóatl se propuso encontrar algo que ayudara a la nueva gente a ser feliz y a tener buena comida. El dios subió a los cielos, donde encontró a Mayahuel, la diosa del cactus de maguey. Mayahuel era la nieta de una tzitzimitl, que es una deidad de una estrella que brilla en el cielo nocturno. Quetzalcóatl fue a Mayahuel y le dijo—Ven conmigo a la tierra. Necesito tu ayuda para hacer algo por la gente para que puedan ser felices.

Mayahuel se fue en secreto con Quetzalcóatl, porque temía la ira de su abuela y las otras tzitzimime, que luchaban todas las noches para seguir brillando en el cielo negro, pero eran empujados por el sol. Juntos, Mayahuel y Quetzalcóatl entrelazaron sus cuerpos, convirtiéndose en un árbol alto. Mayahuel era una rama del árbol, y Quetzalcóatl era la otra. Cuando la abuela de Mayahuel despertó de su sueño, vio que su nieta había desaparecido. Llamó a las tzitzimime y les ordenó que encontraran y mataran a Mayahuel.

Las tzitzimime bajaron a la Tierra. Buscaron a Mayahuel por todas partes, hasta que finalmente encontraron el árbol en el que ella y Quetzalcóatl se habían convertido. Las tzitzimime atacaron el árbol. Lo derribaron y rompieron las ramas. La abuela de Mayahuel reconoció la rama que era Mayahuel. La rompió en muchos pedazos pequeños y se los dio a las otras tzitzimime para que los comieran.

La rama de Quetzalcóatl no fue tocada por las tzitzimime, y cuando estas diosas-estrella regresaron a los cielos, Quetzalcóatl retomó su propia forma. Miró a su alrededor y vio los huesos de Mayahuel esparcidos en pedazos por todas partes. Afligido, Quetzalcóatl recogió los huesos. Los plantó cuidadosamente en la tierra, y después de un tiempo, las plantas de maguey brotaron de ellos. Quetzalcóatl entonces tomó la savia de las plantas y la fermentó en pulque. Llevó el pulque a la gente y se lo dio a beber. Descubrieron que cuando lo bebían, sus corazones eran más ligeros, y eso les daba ganas de cantar y bailar.

Y así, fue que los dioses le dieron al pueblo maíz para que fuera su comida y el pulque para que fuera su vino.

Cómo Quetzalcóatl trajo la música a la gente

Esta historia sobrevive en tres fuentes modernas tempranas, todas ellas escritas originalmente en español, y muestra a Quetzalcóatl operando en su personaje secundario como Ehécatl, el dios del viento. Los nombres de los sirvientes de Tezcatlipoca se dan aquí solo en inglés porque hay cierta confusión sobre los nombres náhuatl que se dan en las fuentes y qué tipos de criaturas se indican.

Los misioneros españoles Juan de Torquemada, escribiendo a principios del siglo XVII, y Gerónimo de Mendieta, escribiendo a finales del XVI, enumeran a estos sirvientes como "ballena, sirena y tortuga". Los nombres náhuatl se conservan en la versión francesa de un tratado perdido del siglo XVI del misionero español Andrés de Olmos. Sin embargo, en su edición moderna de la traducción francesa del tratado de Olmos, Édouard de Jonghe sugiere que los nombres náhuatl parecerían enumerar una sirena (Aciuatl, literalmente, "mujer pez"), un cocodrilo (Acipactli) y otra criatura cuya naturaleza es incierta. De Jonghe postula que el nombre de la tercera criatura podría haberse compuesto originalmente de las palabras náhuatl para "caña" y "concha", pero sugiere que la transmisión de este nombre parece haber sido alterada. Debido a las dificultades con el náhuatl original, estoy dando nombres en inglés solo a estos sirvientes, mientras trato de averiguar lo más cerca posible de lo que se conoce de los originales náhuatl basado en las notas de de Jonghe en su edición del texto de Olmos.

Las versiones de este mito en las fuentes españolas son bastante lacónicas. Por lo tanto, me he tomado la libertad de desarrollar el mito de alguna manera para hacerlo una mejor historia.

Hubo un tiempo en que Quetzalcóatl se cansó de ser la Serpiente Emplumada. Se cambió a sí mismo a Ehécatl, que significa "Viento". Ehécatl voló arriba y abajo de la tierra, soplando las nubes alrededor. Hizo que las copas de los árboles bailaran con la fuerza de su aliento. Salió al mar e hizo una gran tormenta que giró y sopló y agitó olas tan grandes como casas. Quetzalcóatl se divirtió mucho siendo viento.

Mientras lo hacía, pasó por delante de su hermano, Tezcatlipoca, el Espejo Humeante—. Deja de soplar por un minuto—dijo Tezcatlipoca—. Tengo algo que preguntarte.

Ehécatl se quedó quieto y dijo—: Pregunta, hermano.

—¿Has visto a estas nuevas personas que hemos creado? Creo que les puede faltar algo—dijo Tezcatlipoca.

—No, no los he visto mucho últimamente—dijo Ehécatl—porque he sido viento y no me he quedado quieto por mucho tiempo. ¿Pero no tienen buena comida y agua fresca para beber? ¿No tienen plumas brillantes y buenas telas para adornarse? ¿No tienen herramientas y habilidades para hacer su trabajo? ¿No adoran a los dioses como deben hacerlo? ¿Qué podría faltarles?

Tezcatlipoca pensó por un minuto. Su hermano había enumerado muchas cosas buenas que el pueblo tenía. Pero aun así parecía que faltaba algo.

—¡Ya sé!—dijo el Espejo Humeante—. Sé lo que falta. El pueblo no tiene música. Debemos encontrar la manera de darles música para que canten y bailen, porque son cosas alegres que no tienen. Y con canciones y bailes pueden hacer que su adoración a los dioses sea aún mejor y más hermosa.

—Es una buena idea—dijo Ehécatl—. Vamos a darle música a la gente.

—Sí—dijo Tezcatlipoca—pero hay un problema. La música pertenece a Tonatiuh, al dios del Sol. ¿Puedes subir a los cielos y quitársela?

—Creo que puedo—dijo Ehécatl—pero necesitaré tu ayuda.

Tezcatlipoca aceptó ayudar a Ehécatl. Primero los dos dioses fueron juntos a la orilla del mar. Allí Tezcatlipoca llamó a sus sirvientes, Mujer Cocodrilo, Mujer Pez y Mujer Caña y Caracol y les dijo que le dieran a Ehécatl cualquier ayuda que pudiera necesitar.

La primera cosa que Ehécatl necesitaba hacer era subir a los cielos donde el Sol vivía y mantenía a sus músicos. Era demasiado alto para que Ehécatl volara por sí mismo. Necesitaba un gran puente para llegar allí. Ehécatl fue a las sirvientas de Tezcatlipoca y les dijo—Constrúyanme un puente hacia la casa del Sol.

La Mujer Cocodrilo, la Mujer Pez y la Mujer Caña y Caracol trabajaron juntas. Pronto habían hecho un fino puente que llegaba hasta la casa del Sol. Ehécatl caminó a lo largo del puente. A medida que se acercaba a la casa del Sol, empezó a oír el sonido de las flautas, los tambores y los cantos, pero aún no podía ver quién hacía esos sonidos. Se acercó cada vez más y pronto pudo ver a los músicos. Algunos de ellos llevaban ropa amarilla. Otros vestían de blanco. Y el resto estaban vestidos de azul o rojo.

Pero antes de que Ehécatl pudiera acercarse lo suficiente para hablar con los músicos, Tonatiuh lo vio acercarse—. ¿Por qué vienes a mi casa, oh Viento?—preguntó el dios-sol.

—Vengo a buscar música y a llevarla a la gente—dijo Ehécatl.

Tonatiuh no quería que Ehécatl se llevara a sus músicos. El Sol le dijo a los músicos que se escondieran y que guardaran silencio, para que Ehécatl no pudiera encontrarlos, pero era demasiado tarde. Ehécatl ya los había oído tocar y cantar. Había visto sus brillantes ropas. Ehécatl sabía que los músicos estaban allí. También sabía que ningún músico podía permanecer en silencio por mucho tiempo. Así que Ehécatl comenzó a cantar—. Vengan conmigo a la tierra; toquen y canten para la gente de allí—cantó Ehécatl.

Los músicos permanecieron en silencio porque temían la ira del Sol. Tonatiuh estaba satisfecho. Pensó que Ehécatl nunca encontraría a sus sirvientes y que la música le pertenecería solo a él, para siempre. Ehécatl no se desanimó. Llegó al final del puente y entró en la casa del Sol. Ehécatl lo intentó de nuevo, haciendo su canción aún más hermosa que antes—. Vengan conmigo a la tierra; toquen y canten para la gente de allí—cantó el Viento.

Pero aun así los músicos se quedaron en silencio. Tonatiuh vio que Ehécatl había entrado en su casa y buscaba a los músicos. El Sol trató de interponerse en el camino del Viento, pero el Viento era demasiado rápido para él. Ehécatl voló alrededor de Tonatiuh. Voló por todas las cámaras de la casa del Sol, cantando— Vengan conmigo a la tierra; toquen y canten para la gente de allí—y esta vez los músicos le respondieron. Tocaron ritmos en sus tambores y melodías en sus flautas, y cantaron—: Llévanos a la tierra para tocar y cantar.

Aun así Tonatiuh trató de atrapar a Ehécatl, pero cada vez Ehécatl volaba ágilmente fuera de su alcance. Siguiendo el sonido de los tambores y las flautas, Ehécatl fue a la cámara donde se escondían los músicos—. Vengan conmigo—cantaba Ehécatl.

—Llévanos a la tierra—cantaron los músicos.

Y así, Ehécatl envolvió a los músicos en su capa de plumas. Atravesó a toda velocidad las cámaras y salas de la casa del Sol, llevando a los músicos con él. Tonatiuh persiguió a Ehécatl con toda la rapidez que tenía, pero no fue suficiente para atrapar al Viento. Ehécatl llevó a los músicos por el puente que los sirvientes de Tezcatlipoca habían construido. Cuando se acercó al fondo, gritó—: ¡Mujer Cocodrilo, Mujer Pez y Mujer Caña y Caracol! ¡Derriba el puente para que el Sol no pueda seguirlas!

Las sirvientas de Tezcatlipoca hicieron lo que Ehécatl les ordenó. Derribaron el puente, dejando a Tonatiuh varado en los cielos. Ehécatl se convirtió en una suave brisa y flotó hasta la tierra con los músicos. Cuando llegaron al suelo, Ehécatl desenrolló su capa y puso a los músicos en el suelo—. Esto es la tierra—dijo Ehécatl—. Vayan a la gente y enséñales su música.

Los músicos fueron directamente al pueblo más cercano. Le mostraron a la gente cómo hacer flautas y tambores y cómo hacer cuernos con conchas de caracol. Enseñaron a la gente a tocar esos instrumentos y a cantar y hacer nuevas canciones. Fueron de pueblo en pueblo, enseñando todo lo que sabían. Y luego la gente enseñó a sus hijos, y a los hijos de sus hijos, y pronto todos los pueblos del mundo estaban llenos de sonidos de flautas, tambores y cantos.

Y así es como la Serpiente Emplumada llevó la música a la gente.

La caída de Xochiquétzal

Xochiquétzal era una diosa de los artesanos, especialmente de los tejedores y trabajadores de los metales preciosos. También era una diosa de la fertilidad, el parto y el poder sexual femenino, y como tal estaba particularmente asociada con la belleza femenina y con las flores. Esta historia de su exilio del paraíso de Tamoanchan tiene paralelos con la historia del Génesis de Adán y Eva.

Como en la historia bíblica de Eva y la manzana, el pecado de Xochiquétzal implica la violación de una regla dada por una suprema deidad, en este caso, el dios creador Ometeotl, sobre un árbol sagrado. Aunque los códices aztecas también contienen representaciones de árboles sagrados, el concepto de un Gran Árbol o Árbol del Mundo puede haber sido originalmente tomado de los mayas, como lo fue el nombre azteca para el paraíso de los dioses; "Tamoanchan" es una palabra maya, no azteca.

Hace mucho, mucho tiempo, había un lugar llamado Tamoanchan. Era un lugar de abundancia, donde siempre era un dulce verano, y los pájaros cantaban en las ramas de los árboles. Fue en Tamoanchan donde los dioses y diosas hicieron su hogar.

En el centro de Tamoanchan había un gran árbol. Tenía un grueso tronco cubierto de corteza lisa. Tenía ramas que llegaban hasta el cielo, cubiertas de hojas verdes y hermosas flores y frutas brillantes. El árbol había sido plantado allí por los mismos Ometeotl, y les dijeron a los otros dioses y diosas que nadie debía tocar el árbol o recoger sus flores o frutos. Y durante mucho tiempo, los dioses y diosas obedecieron lo que Ometeotl les ordenó.

Entre los dioses y diosas que vivían en Tamoanchan estaba Xochiquétzal (pluma de flor de quetzal). Ella era la más bella de todas las diosas y era asistida en todo momento por artistas que bailaban y cantaban para ella. Xochiquétzal amaba las cosas bellas y podía hacerlas con sus propias manos. Le gustaba especialmente tejer, porque en un trozo de tela podía tejer todos los colores del mundo.

Xochiquétzal también amaba el Gran Árbol de Ometeotl. Amaba el verde de sus hojas, los colores de sus flores, y el aroma de sus brillantes frutos. Pero, sobre todo, le gustaba sentarse a la sombra del árbol mientras hacía su trabajo, y mientras sus animadores bailaban y cantaban para ella. Día tras día, miraba los colores y olía los olores del Gran Árbol, y día tras día se sentía más y más tentada a escoger algunos de estos para ella.

Finalmente, Xochiquétzal no pudo soportar más la tentación—. El árbol tiene muchas flores—se dijo a sí misma—y da muchos frutos. Seguramente si recojo solo una o dos no hará ningún daño.

Y así, recogió dos flores para poner en su pelo y un trozo de fruta para comer. Tan pronto como Xochiquétzal las arrancó, el árbol comenzó a balancearse como si fuera un viento fuerte. Sus ramas crujieron y gimieron. Las hojas cayeron en cascada como si fuera otoño. Y luego, con una gran crujido, el árbol se abrió. Los pedazos cayeron al suelo, y cuando golpeó la tierra, las ramas se hicieron añicos y se esparcieron como si fueran fósforos, mientras hacían un gran ruido como un trueno al estallar en pedazos. Entonces, cuando el silencio volvió a Tamoanchan, los pedazos del Gran Árbol comenzaron a derramar sangre.

Ometeotl vio las ruinas del Gran Árbol, y se entristeció mucho. Vio que era Xochiquétzal quien había causado la muerte del Árbol, así que envió a Xochiquétzal fuera de Tamoanchan, para no volver nunca más. Xochiquétzal dejó el hogar de los dioses y se fue a vivir a la tierra. Pero ya no era una diosa de la alegría y los colores brillantes. En lugar de eso, se puso a llorar y a lamentar, y su nombre fue cambiado a Ixnextli, que significa "Ojos de Ceniza", ya que lloró tanto y tan fuerte que se cegó con sus lágrimas.

El destino de las almas

El Códice Florentino *es un importante registro moderno temprano de la historia, religión y cultura azteca. Es una etnografía de doce volúmenes escrita en náhuatl por Fray Bernardino de Sahagún, un misionero franciscano en México, el códice fue creado entre 1545 y la muerte de Sahagún en 1590 y originalmente se titulaba* Historia general de las cosas de Nueva España. *En el tercer volumen de esta etnografía, de Sahagún describe las costumbres funerarias aztecas y las creencias sobre la vida después de la muerte. La información que presenta en su etnografía como reportaje y descripciones ha sido reelaborada y presentada aquí en forma de cuento, adoptando la idea de un anciano dirigiéndose a un niño.*

Y así, mi niño, ¿quieres saber qué nos pasa cuando morimos? Escucha bien, y te lo diré, porque el destino de nuestros cuerpos y nuestras almas es variado y está al cuidado de los propios dioses.

Primero, hablaremos de los que mueren de enfermedad, porque este es un destino que nos lleva a muchos de nosotros de esta tierra. Las almas de estas personas van primero a Mictlán, a la Tierra de los

Muertos, donde son saludadas por el Señor y la Señora de Mictlán, Mictlántecuhtli y su consorte Mictecacíhuatl. A estos muertos el Señor de Mictlán les dirá—Ven a tu nueva morada, porque aquí te he preparado un lugar.

Pero no creas que es fácil cruzar de la tierra de los vivos a Mictlán y llegar ante Mictlántecuhtli y su esposa. Oh, no. No es nada fácil. Muchos peligros y dolores debe soportar el alma antes de ser bienvenida a su hogar final.

Cuando el alma abandona su cuerpo, primero llega a un paso entre dos montañas. Allí hay un camino que el alma debe seguir, y el camino está vigilado por una gran serpiente. Y cuando haya recorrido el camino, el alma llegará a un lugar vigilado por un gran lagarto. Si el alma pasa la serpiente y el lagarto a salvo, entonces debe caminar a través de ocho desiertos, y es una caminata larga y solitaria. Después de que el alma atraviese los desiertos, debe subir a ocho grandes colinas, y este es un paseo de mucho desgaste y esfuerzo. Por último, y lo más difícil de todo, es un lugar donde los vientos están hechos de hojas de obsidiana y piedras, y el alma es cortada y golpeada por estas. Pero si todo se lleva bien, entonces el alma viene a Mictlán y es saludada por Mictlántecuhtli.

Y es para ayudar a las almas de nuestros muertos a pasar a través de todas estas dificultades con seguridad que las vestimos con ropas especiales de papel y quemamos con ellas las cosas que usaron en vida, porque estas serán la armadura para ellos contra la serpiente, el lagarto, y el viento de obsidiana. Ponemos en sus bocas un trozo de obsidiana para que se convierta en un nuevo corazón para ellos en la tierra de los muertos, y a nuestros muy grandes les damos un trozo de jade. A nuestros valientes guerreros los quemamos con sus espadas y mantos y el botín que han tomado de nuestros enemigos. A nuestras mujeres las quemamos con sus cestos y herramientas de tejer, con sus hilos y sus peines. Los que mueren con muchos bienes están bien protegidos, pero ¡ay de los que mueren en la pobreza! Porque no tendrán lo necesario para defenderse de los peligros del camino a Mictlán, y sufrirán mucho por el viento de obsidiana. Pero con todo, enviamos un pequeño perro para que les sirva de guía. Sacrificamos el perro a los dioses y lo quemamos en la pira con nuestros seres queridos. Así, cuando el alma llegue a los nueve ríos de Mictlán, el perro podrá guiarla a través de ellos con seguridad.

Una vez que el alma pasa por todos los peligros y cruza los nueve ríos, entonces llega a la presencia del gran Mictlántecuhtli. Y oh, hijo mío, ¡qué cosa es presentarse ante ese dios, con su cuerpo de esqueleto salpicado de sangre y su collar hecho de ojos! A él los muertos le ofrecen sus ropas de papel, el incienso y otras ofrendas que fueron quemadas en sus piras. A él los hombres le dan sus taparrabos y las mujeres sus vestidos. Y así, el alma del muerto entra en Mictlán.

¡Pero no pienses que el viaje del alma termina allí! Porque no es así. Otro gran río que hay que cruzar, y los vivos en la tierra deben enviar más regalos al Señor de Mictlán antes de que sus seres queridos puedan seguir adelante. Después de ochenta días, quemamos más ropa, y otra vez después de dos años, de tres, y de cuatro. Y cuando los muertos han estado esperando cuatro años y cuando Mictlántecuhtli ha recibido los regalos de los cuatro años, solo entonces permite al alma ir a los nueve reinos de los muertos.

El alma va a la orilla del último gran río y allí espera un guía. En la orilla opuesta hay muchos perros, blancos, negros y amarillos, y solo un perro puede llevar el alma al otro lado. Pero los perros blancos no llevan almas, porque dicen que acaban de bañarse y no quieren ensuciar sus pelajes. Los perros negros no llevarán almas, porque se han ensuciado y deben bañarse primero. Los perros amarillos saltarán al agua y llevarán las almas al otro lado. Y una vez que el alma ha sido llevada al otro lado del río, es destruido.

Tanto para las almas que mueren de enfermedad.

¿Qué es eso, hijo mío? Sí, hay otras muertes que no son por enfermedad, y con el tiempo te diré lo que les pasa a esas almas.

Algunas personas mueren cuando son golpeadas por rayos. Otros se ahogan en el agua. Otros mueren de lepra o de tumores o de hidropesía, mientras que otros mueren de enfermedades que contraen cuando los hombres se acuestan con las mujeres. Los que mueren por cualquiera de esas causas van a un lugar llamado Tlalocan. Oh, hijo mío, Tlalocan es un lugar muy agradable. El maíz y la calabaza crecen en abundancia, y allí se puede comer hasta hartarse de tomates, chiles y amaranto, porque allí siempre es primavera, y el tlaloque, los señores del trueno y la lluvia, están allí para recibir a las almas que vienen a Tlalocan.

Los cuerpos de estos muertos no los quemamos, sino que los enterramos. Pero primero los adornamos adecuadamente para su viaje. Pintamos sus caras con goma líquida y pasta de amaranto. Ponemos papel azul en sus frentes. Hacemos un mechón de pelo de papel, y lo pegamos en la parte posterior de sus cabezas. Y así, adornados, entran en Tlalocan. También ponemos en sus tumbas imágenes de montañas, como las de Tlalocan, y las vestimos con capas y les damos palos para ayudarlas en su viaje hacia allí.

Pero el mejor hogar para el alma está reservado a nuestros guerreros más valientes que han muerto en batalla y a los que se ofrecen en sacrificio a los dioses. Porque estos han muerto la más noble de todas las muertes y son recompensados con un lugar en la casa del sol.

Y la casa del sol no es una casa como la nuestra, sino que es una amplia llanura donde hay muchos cactus de maguey y muchos mezquites, y las almas que habitan allí miran el sol cuando sale cada día. Aquellos que murieron con muchos agujeros en sus escudos tienen el honor de poder mirar al sol a la cara, ya que murieron con gran valentía. Aquellos cuyos escudos no fueron perforados no tienen este honor. Otro honor es otorgado a aquellos que murieron en batalla o en sacrificio: cuando los vivos les hacen ofrendas, las ofrendas son transmitidas a las almas para su uso y disfrute.

Pero incluso estas almas no permanecen mucho tiempo en la casa del sol. Porque después de cuatro años, se transforman en todo tipo de aves brillantes. Se convierten en colibríes, con su plumaje de esmeralda y rubí. Se convierten en el pájaro coztotol, con su cabeza, pecho y estómago amarillos. Se convierten en mariposas de todos los patrones y matices, y vuelven a la tierra para beber del dulce néctar de las flores.

Y ahora, hijo mío, ya conoces el destino de los que mueren en esta tierra, y cómo nosotros, los que quedamos atrás, debemos honrarlos a ellos y a los dioses.

PARTE II: MITOS POLÍTICOS AZTECAS

Huitzilopochtli y la fundación de Tenochtitlan

Esta es la historia del origen del pueblo azteca que cuenta cómo emigraron de un lugar muy al norte bajo la guía del dios de la guerra, Huitzilopochtli. Como muchos mitos, este probablemente contiene una pizca de verdad histórica. Los lingüistas argumentan que el náhuatl, la lengua hablada por los aztecas, probablemente se originó en el suroeste de los Estados Unidos, ya que como parte de la familia de lenguas uto-aztecas, está relacionado con las lenguas nativas americanas como el hopi, el shoshoni y el paiute.

Algunos estudiosos postulan que la figura de Huitzilopochtli puede haber sido originalmente un líder humano mortal que luego llegó a ser deificado, y ciertamente la historia del origen de Huitzilopochtli que se cuenta aquí es diferente a la que se encuentra en la "Leyenda de los Soles". Pero independientemente de cómo este dios fue insertado en el panteón azteca, parecería que fue durante el reinado de Itzcóatl (1427 ó 1428 a 1440 d. C.) que su culto pasó a primer plano en la religión azteca, junto con la idea de que el sacrificio de sangre era supremamente necesario para honrar adecuadamente a los dioses. Esto pudo haber sido a instigación del general de Itzcóatl, un brillante militar llamado Tlacaélel. Timothy Roberts, en su libro sobre los mitos mayas, incas y aztecas, afirma que el mito de la migración azteca, que se basa en gran medida en el poder de Huitzilopochtli, fue la creación del régimen de Itzcóatl, como parte del programa del emperador de reescribir la historia para favorecer el poder y la ascendencia azteca.

Hace mucho, mucho tiempo, muy al norte, había un lugar llamado Aztlán, que significa "Lugar de la Garza Blanca". En Aztlán había siete tribus, y todas ellas vivían juntas en paz. Aztlán era una tierra de abundancia. La tierra cultivaba excelentes cosechas de maíz, y las aguas estaban repletas de peces y aves acuáticas. Pero lo mejor de todo era la gran montaña en el centro de Aztlán. Esta montaña tenía el poder de devolver a la gente su juventud perdida. En la base de la montaña estaba la vejez, mientras que la infancia estaba en la misma cima. Cuando la gente sentía que se estaba volviendo demasiado vieja, subían a la montaña hasta la edad que querían alcanzar y esperaban allí hasta que sus cuerpos volvieran a ser jóvenes. Cuando tenían la juventud que deseaban, bajaban de la montaña y se reunían con la gente.

Durante muchos años, las siete tribus vivieron juntas en Aztlán, disfrutando de los frutos de la tierra y de las largas vidas que daba la montaña sagrada. Pero llegó a oídos de la gente de Aztlán la noticia de que al sur había un nuevo lugar, uno que tenía un gran lago entre las montañas, un lugar con un rico suelo para la agricultura y abundante obsidiana para las herramientas. Una por una, las tribus dejaron Aztlán en busca de este nuevo lugar, hasta que finalmente solo quedó una tribu, la Mexica, que más tarde tomaría el nombre de "aztecas", que significa "gente de Aztlán". Los mexicas se entristecieron por haberse quedado solos en Aztlán. Querían unirse a las otras tribus en el lago del sur para encontrar una buena y nueva vida allí, pero no había nadie entre ellos que pudiera guiarlos. Y así, permanecieron en Aztlán, viviendo como siempre lo habían hecho, pero siempre anhelando hacer el viaje hacia el sur.

Mientras seis de las tribus de Aztlán se dirigían a su nuevo hogar en el sur y mientras los mexicas languidecían en Aztlán esperando un líder, la diosa Coatlicue (Falda de Serpiente), estaba ocupada con su hogar en Coatepec, la sagrada montaña de la serpiente. Vestida con la Falda de Serpientes vivas que le daban su nombre y un collar hecho de corazones humanos, cabezas y manos cortadas, la diosa se dedicó a su trabajo. Tomó su escoba en sus manos con garras y salió a barrer su patio. Mientras barría, una hermosa bola de plumas bajó flotando por el aire hacia ella. Las plumas brillaban y resplandecían en verdes, rojos y amarillos brillantes. Coatlicue nunca había visto algo tan colorido, y deseaba conservarlo. La diosa extendió su mano para atrapar la cosa bonita, y cuando la había atrapado, la metió dentro de su ropa.

Finalmente, Coatlicue terminó todo su trabajo. Guardó sus herramientas de limpieza y fue a sacar la bola de plumas para poder mirarla más de cerca. Pero no importaba cómo buscara, no podía encontrarla; la bola había desaparecido. Poco después, Coatlicue descubrió que estaba embarazada. Esto era desconcertante; no había estado con un hombre en mucho tiempo, ciertamente no lo suficientemente reciente como para encontrarse en este estado. Pensó en cómo podría haber ocurrido y se dio cuenta de que de alguna manera la bola de plumas había entrado en ella, haciendo que un nuevo niño creciera en su vientre.

A medida que pasaban los meses, el vientre de Coatlicue se hinchaba. Pronto todos pudieron ver que estaba embarazada. Esto enfureció enormemente a sus cuatrocientos hijos, los Centzon Huitznáhua (cuatrocientos sureños), y a sus hijas Coyolxauhqui (campanas preciosas) y Malinalxóchitl (flor de hierba salvaje). Sabían que su padre, el dios cazador Mixcóatl (Serpiente de Nube), había estado fuera durante mucho tiempo, y por eso pensaron que su madre le había sido infiel. Se reunieron fuera de la casa de Coatlicue, amenazando con matarla si no les decía con quién se había acostado.

Pero Coatlicue no sabía quién era el padre de su bebé, solo que había sacado al niño del ovillo de plumas, y por eso no les respondió a sus hijos.

—¿Qué debo hacer?—dijo Coatlicue—. No soy una guerrera. Mis hijos son muchos, y estoy sola.

Coatlicue comenzó a llorar. Entonces desde su vientre escuchó la voz de su hijo no nacido—. No temas, madre—dijo—. Soy yo, tu hijo, el dios Huitzilopochtli, el Colibrí del Sur, y te protegeré de todos los peligros.

En esto, Coatlicue se sintió muy reconfortada. Mientras tanto, los Centzon Huitznáhua y sus hermanas salieron de la casa de su madre, gritando que seguramente la matarían por deshonrar a su familia. Pero antes de que pudieran entrar en la casa, el bebé saltó del vientre de Coatlicue. Huitzilopochtli salió completamente crecido y armado como un guerrero. Descendió sobre sus hermanos y hermanas, acuchillándolos con su arma. El joven dios mató a muchos de sus hermanos. Huitzilopochtli también mató a su hermana, Coyolxauhqui, cortándole la cabeza y cortando su cuerpo en pedazos para luego arrojarlos alrededor de la base de la sagrada montaña de la Serpiente. Solo unos pocos de sus hermanos y su hermana, Malinalxóchitl, escaparon, huyendo hacia el sur.

Coatlicue estaba agradecida de que Huitzilopochtli la hubiera salvado de la ira de sus hijos, pero estaba afligida por la muerte de su hija. Huitzilopochtli se dirigió a su madre y le dijo—: No te lamentes, madre. ¿Ves? Lo haré para que puedas ver la cara de tu hija todas las noches. —luego tomó la cabeza de su hermana Coyolxauhqui y la arrojó con todas sus fuerzas a los cielos, y así fue como se hizo la luna.

La noticia de las grandes hazañas de Huitzilopochtli llegó a oídos de los mexicas en Aztlán. Se reunieron entre ellos y decidieron que pedirían al dios que fuera su líder y los llevara al lago del sur donde las otras tribus de Aztlán ya se habían ido. Huitzilopochtli aceptó de inmediato hacer esto, y cuando los preparativos se completaron, los mexicas dejaron su hogar en Aztlán y comenzaron el largo viaje hacia el buen lugar del lago.

Después de un tiempo, los mexicas llegaron a un lugar llamado Pátzcuaro. Era un lugar muy agradable en la tierra de Michoacán. Tenía muchos lagos y mucha buena tierra, así que los mexicas se detuvieron allí para descansar un rato. Algunos de los habitantes, tanto hombres como mujeres, bajaron a la orilla de uno de los lagos. En la orilla del lago, se desnudaron, y luego fueron a bañarse en el agua fresca, ya que el día era caluroso y su viaje había sido largo—. Sin duda, este es un muy buen lugar—se dijeron—y deberíamos hacer de este nuestro hogar.

Pero esta no era el hogar al que Huitzilopochtli dirigía a los mexicas, aunque estuvo de acuerdo en que era un buen lugar y digno de asentamiento. Y así, les dijo a los otros que se habían quedado fuera del agua que fueran y robaran la ropa de los que se estaban bañando, para que no pudieran seguir cuando Huitzilopochtli liderara al resto en la siguiente parte del viaje.

En adelante, los mexicas viajaron con Huitzilopochtli, buscando su nuevo hogar en el buen lugar del lago. Entre la gente que viajaba hacia el sur estaba Malinalxóchitl, la hermana de Huitzilopochtli, que había sobrevivido al día de su ira contra sus medio hermanos. Malinalxóchitl era una hermosa hechicera que tenía el poder de ordenar todo tipo de criaturas venenosas como serpientes, escorpiones y arañas. Estaba celosa del honor que su hermano recibía del pueblo y pensó que ella también debía tener la reverencia debida a un ser divino. Usó sus poderes para amenazar al pueblo y atormentarlo. Pronto el pueblo suplicó a Huitzilopochtli que los librara de ella, porque estaban asustados y cansados de sus trucos y abusos. Huitzilopochtli le dijo a la gente que acamparían y luego, en medio de la noche, se irían mientras Malinalxóchitl dormía, para que ella no supiera adónde habían ido. La gente estuvo de acuerdo en que era un buen plan, así que hicieron lo que Huitzilopochtli dijo.

Malinalxóchitl durmió profundamente toda la noche, sin darse cuenta de que todos los demás se habían ido. Por la mañana, se despertó y se encontró completamente sola. Se enfureció por la traición de su hermano y juró vengarse de él. Pero en lugar de tratar de encontrar el lugar donde él y los mexicas se habían ido, decidió quedarse en ese lugar y encontró su propia ciudad, a la que llamó Malinalco.

Los mexicas continuaron caminando hacia el sur, hasta que llegaron a la montaña sagrada de la serpiente, Coatepec, donde nació Huitzilopochtli. Un río fluía por el lugar, y así Huitzilopochtli instruyó a los mexicas que construyeran una presa para que se formara un lago en las partes bajas del lugar. Los mexicas hicieron lo que el dios les ordenó, y pronto el lugar tuvo un buen lago, lleno de peces y aves silvestres, con juncos creciendo a su alrededor. Así, el lugar fue llamado Tula, que significa "Lugar de los juncos".

Ahora bien, Huitzilopochtli nunca tuvo la intención de que los mexicas se quedaran allí para siempre, ya que el buen lugar junto al lago estaba todavía muy lejos. El dios les había dicho que construyeran la presa y que hicieran el lago para que pudieran ver lo que les esperaba cuando terminaran su viaje y para que tuvieran un buen lugar para descansar, ya que habían recorrido un largo camino y aún les faltaba mucho por recorrer. Pero la gente vio lo encantadora que era Tula, lo abundante que era la caza y lo hermoso que eran los árboles, y pronto algunos de ellos comenzaron a decir que preferían quedarse allí que continuar su viaje, y trataron de convencer a los demás de que debían establecerse ahí y hacer de ese su hogar para siempre. Esto enfureció a Huitzilopochtli, ya que no era el lugar al que los estaba llevando, y no era el lugar que era su destino.

Esa noche, el descanso de la gente se vio perturbado por el sonido de angustiosos gritos. Por la mañana, fueron a investigar, y en el lugar de donde habían salido los gritos, encontraron los cuerpos de aquellos que habían estado instando a la gente a quedarse en Tula. Cada uno de los cuerpos había sido desgarrado y sus corazones arrancados por Huitzilopochtli.

El dios llamó entonces a la gente y les ordenó que derribaran la presa que habían construido. Las aguas acumuladas se precipitaron al principio, pero pronto el río volvió a su cauce. Tula ya no era un lugar de sombra y abundancia. Los juncos y las cañas se secaron. Los peces murieron flotando y jadeando en la arena del desierto. Las aves acuáticas se fueron volando. Y así, los mexicas tuvieron que irse y continuar su viaje al buen lugar junto al lago que Huitzilopochtli les había prometido.

Largo fue el viaje de los mexicas. Hubo matrimonios entre ellos y nacieron bebés. Y los bebés se habían convertido en niños; y los niños en hombres y mujeres que se casaron y tuvieron sus propios hijos. Y así, llegó un momento en el que había muy pocos que recordaran su antiguo hogar en Aztlán y aquellos eran los más ancianos, y aun así los mexicas no habían llegado al final de su viaje al buen lugar del lago.

Eventualmente llegaron a un lugar llamado Chapultepec, que significa "Colina de las Langostas". Chapultepec estaba a orillas del lago de Texcoco. Los mexicas acamparon allí, pero temían que la gente de esa región fuera hostil y poco acogedora. El pueblo de Chapultepec estaba dirigido por Copil, el hijo de Malinalxóchitl, que se había criado en la historia de la traición de Huitzilopochtli y el abandono de su madre, y que por lo tanto tenía un odio hacia los mexicas y su dios. Pero Huitzilopochtli le dijo a su pueblo que fuera de corazón duro, ya que no quería que se quedaran allí mucho tiempo. El dios también les dijo que si querían ser el pueblo verdaderamente grande que él quería que fueran, tendrían que enfrentarse a los enemigos y derrotarlos, ya que de esta manera mostrarían su propia fuerza y valor no solo a los demás sino a sí mismos.

Copil, mientras tanto, fue a todos los pueblos de las tierras cercanas. Les dijo que los mexicas no eran honorables, que no eran dignos de confianza, que sus costumbres eran repugnantes y censurables, que eran belicosos y estaban dispuestos a atacar en cualquier momento. Pronto provocó que toda la gente del distrito odiara a los mexicas. La gente de Chapultepec y sus aliados levantaron un ejército. Atacaron a los mexicas y se produjo una feroz batalla. El ejército de Copil salió victorioso, pero el mismo Copil fue capturado. Huitzilopochtli le abrió el pecho a Copil y le arrancó el corazón que latía, y luego lo tiró al lago, donde terminó descansando en una pequeña isla.

Aunque el ejército de Copil dejó a los mexicas solos después de la muerte de su líder, los mexicas vieron que no podían quedarse en Chapultepec. Huitzilopochtli los condujo a un lugar más al sur, al otro lado del lago. Este lugar se llamaba Culhuacán, una próspera ciudad gobernada por un poderoso rey. Cuando los mexicas llegaron, le preguntaron a Huitzilopochtli qué debían hacer, ya que no habían olvidado la batalla de Chapultepec y no querían hacer enemigos en este nuevo lugar. Huitzilopochtli les respondió diciendo—: Establezcan una misión para el rey de este lugar. Pídanle alguna tierra donde nuestro pueblo pueda establecerse y prosperar. Lo que les dé, tómenlo, ya sea bueno o malo.

Por lo tanto, los mexicas eligieron una misión entre sus ancianos y valientes hombres y los enviaron a reunirse con el rey de Culhuacán. El rey en persona los recibió amablemente y escuchó su petición de tierras para establecerse. Pero sus consejeros no miraron con buenos ojos a los mexicas, y le dijeron al rey que los despidiera. Cuando el rey se negó a hacer esta cosa inhóspita, sus consejeros le dijeron que le diera a los mexicas tierras en un lugar llamado Tizapán. El rey accedió a esto y le dijo a la misión mexica dónde estaba el lugar y cómo podrían llegar allí. Los embajadores le agradecieron su amabilidad y volvieron a su propio pueblo, donde le contaron a Huitzilopochtli lo que había pasado entre ellos y el rey de Culhuacán. Huitzilopochtli entonces le dijo al pueblo que recogiera sus pertenencias y se preparara para ir a Tizapán.

Cuando los mexicas llegaron allí, estaban muy tristes porque la tierra que el rey les dio era pobre. Además, estaba al borde de un pantano y estaba infestada de grandes enjambres de insectos y una multitud de serpientes venenosas. Pero Huitzilopochtli le dijo a su pueblo que tuviera mucho coraje, ya que les mostraría la manera de hacer de Tizapán un buen lugar para vivir. Primero, les mostró cómo capturar los insectos y cocinarlos para comer, y pronto había tan pocos insectos que los mexicas apenas se preocupaban por ellos.

Luego el dios mostró a la gente cómo hacer lo mismo con las serpientes, y en poco tiempo también las comieron a todas ellas. Una vez que habían consumido todas las alimañas, los mexicas se pusieron a construir un asentamiento, con granjas, casas y un templo.

Después de un tiempo, llegó a oídos del rey que los mexicas habían hecho un asentamiento en Tizapán y parecían estar prosperando. El rey no daría crédito a estas historias porque sabía que Tizapán era un lugar muy inhóspito. Pero quería ver si las historias eran verdaderas, así que envió mensajeros a Tizapán para saludar a los mexicas y preguntarles cómo estaban. Los mensajeros volvieron con el rey diciendo que habían visto campos fértiles y una ciudad bien ordenada, y que los mexicas agradecieron al rey su generosidad al darles las tierras para su asentamiento. También preguntaron si se les permitiría entrar en Culhuacan para comerciar con la gente de allí y hacer matrimonios con los habitantes.

El rey escuchó bien todo lo que los mensajeros que le dijeron. Pensó cuidadosamente en las peticiones que los mexicas habían hecho. Entonces aceptó permitirles comerciar y casarse, ya que vio que eran un pueblo resistente y consideró muy poco prudente enemistarse con ellos. De hecho, el rey llegó a pedir la ayuda de los mexicas en su lucha contra un pueblo cercano llamado Xochimilco. Los mexicas enviaron sus guerreros voluntariamente, y así ayudaron al rey de Culhuacan a la victoria. Y así fue como los mexicas y el pueblo de Culhuacán vivieron juntos pacíficamente durante un tiempo.

Huitzilopochtli vio que los mexicas habían hecho un buen hogar para ellos en Tizapán. Vio que habían empezado a pensar en su asentamiento como un hogar permanente. Pero Tizapán no era el buen lugar junto al lago que les había prometido. Y los mexicas necesitaban enfrentar aún más dificultades antes de convertirse en los gobernantes de la tierra como Huitzilopochtli pretendía. Necesitaban encontrar alguna razón para luchar con la gente de Culhuacán, para que los expulsaran de esa tierra, antes de que realmente pensaran en ella como su hogar y no pudieran ser persuadidos de irse. Así que el dios llamó a sus sacerdotes y les dijo que debían ir al rey de

Culhuacán y pedirle una de sus hijas, para que se casara con ella. Los sacerdotes hicieron lo que Huitzilopochtli les pidió, y cuando el rey se enteró de que su hija iba a ser la novia de un dios, aceptó de inmediato y envió a su hija a Tizapán.

Cuando la joven llegó, Huitzilopochtli dijo a sus sacerdotes que la llevaran al templo y la hicieran un sacrificio. Luego debían desollar a la niña y colocar su piel en uno de los sacerdotes, que debía fingir ser la joven como si aún estuviera viva. Después de todo lo que se había hecho, Huitzilopochtli envió mensajeros a Culhuacan para invitar al rey y a su corte a asistir a la ceremonia de boda entre él y la hija del rey. El rey se alegró de esta invitación. Recogió muchos regalos finos para dar al dios y a su esposa. Pero cuando llegó a Culhuacán, se horrorizó al ver a uno de los sacerdotes de Huitzilopochtli haciendo danzas rituales vestido con la piel de su hija.

El rey de Culhuacán y sus nobles corrieron de vuelta a su ciudad, donde el rey convocó a todo su ejército. Luego los condujo a un ataque contra los mexicas. Los mexicas lucharon tan bien y con tanta valentía que el rey y su ejército se vieron obligados a retirarse. Pero los mexicas sabían que ya no podían quedarse en Tizapán, así que se fueron más lejos a lo largo de la orilla del lago hasta un lugar llamado Ixtapalapan, donde acamparon. A pesar de que habían salido victoriosos de Culhuacán, los mexicas estaban en una gran angustia, pues una vez más habían sido expulsados de un lugar en el que se habían asentado y que habían empezado a considerar como su hogar.

Huitzilopochtli vio la angustia de su pueblo, así que les dijo—: Tengan buen ánimo. Su largo viaje está casi finalizado. Sabrán dónde está su último hogar cuando vean este signo: En una isla del lago, en la que arrojé el corazón de su enemigo, Copil, verán un cactus de nopal. Sobre el cactus habrá una gran águila, con una serpiente blanca en sus garras. Esa isla será su hogar. En esa isla, construirán una gran ciudad, y la llamarán Tenochtitlan, el lugar del nopal.

Entonces Huitzilopochtli le dijo a los mexicas que descansaran y que por la mañana irían en busca de la isla con su cactus. Cuando salió el sol, la gente comió una comida rápida y luego comenzó a buscar a lo largo de la orilla del lago la isla de la que el dios les había hablado. Después de muchas horas, uno de los sacerdotes gritó y señaló hacia el centro del lago. Allí, en una isla no muy lejos de la orilla, había un cactus nopal, y encima del cactus había una gran águila, sosteniendo una serpiente blanca en sus garras, tal como Huitzilopochtli había dicho. La gente se regocijó mucho y cayó en homenaje ante el gran pájaro. El águila vio a la gente haciéndole honor, y se inclinó ante ellos a su vez. Esto aumentó la alegría de los mexicas, ya que les dijo que finalmente habían llegado al final de su viaje y que su futuro sería seguramente próspero y bendecido.

Y esta es la historia de cómo el dios Huitzilopochtli nació y cómo llevó a los mexicas a su nuevo hogar en Tenochtitlan, que se convirtió en el centro del poderoso Imperio azteca.

Moctezuma I y la búsqueda de Chicomostoc

Un lugar donde la historia y el mito chocan es en este cuento de la búsqueda de Chicomostoc, que significa "Lugar de las Siete Cuevas". Chicomostoc es uno de los lugares míticos de origen del pueblo azteca, y de acuerdo con esta leyenda la búsqueda se llevó a cabo por orden de Moctezuma I (r. 1440-1469 d. C.), el sucesor de Itzcóatl. Esta búsqueda puede no haber ocurrido nunca, y aunque así fuera, es cierto que los emisarios de Moctezuma no encontraron la mística montaña de la juventud o a la diosa Coatlicue, madre de Huitzilopochtli. Parece probable que este mito, al igual que el de la migración azteca y los de la caída de los toltecas, se fabricó como parte del esfuerzo por elevar la cultura azteca y legitimar el dominio azteca en los años posteriores a la creación de la Triple Alianza bajo Itzcóatl.

En esta historia, también vemos el lugar central de los granos de cacao (náhuatl cacahuatl, pero la palabra originalmente era maya) y el chocolate (náhuatl chocolatl) como un artículo de lujo en la cultura azteca. Las habas de cacao eran tan valiosas que incluso se usaban como moneda y se exigían como tributo. Aunque hoy en día tendemos a comer o beber chocolate como un alimento endulzado, las primeras culturas mesoamericanas, incluyendo a los aztecas y los mayas, solían beber chocolate amargo, a menudo con sabor a chile, vainilla o especias, y a veces espesado con maíz.

Un día, el emperador Moctezuma (El que se muestra enojado) se creyó de los antepasados de los aztecas y del gran relato de su viaje desde Aztlán hasta el lago Texcoco y de todas las hazañas que habían hecho. Se creyó también en el gran dios Huitzilopochtli que, como los aztecas, había dejado atrás su propio hogar y su propia madre para guiar a los aztecas y ayudarles a alcanzar la grandeza en su nuevo hogar de Tenochtitlan. Moctezuma recordó que Huitzilopochtli había prometido a su madre, la diosa Coatlicue, que regresaría, pero no lo había hecho; más bien, se había quedado en Tenochtitlan para cuidar de los aztecas y recibir el culto que le correspondía como poderoso dios y protector de su pueblo. Moctezuma se preguntaba si Coatlicue seguía vivo y si había recibido alguna noticia de su hijo.

Por lo tanto, el emperador buscó el consejo de su general en jefe, un hombre llamado Tlacaélel, quien además de ser el guerrero más valiente y el mejor estratega que los aztecas habían conocido, era también un hombre piadoso y culto en la historia de su pueblo. Moctezuma llamó a Tlacaélel ante él y dijo—: Tengo en mente una gran obra que será realizada por nuestros hombres más valientes. Quiero que vayan en busca de Chicomostoc, el Lugar de las Siete Cuevas, donde nuestro pueblo vivió por primera vez hace muchos años. Quiero enviar muchos guerreros, bien equipados, para encontrar Aztlán y su montaña sagrada y ver si Coatlicue, la Falda de Serpiente sigue viva y traer sus noticias de nuestro pueblo y de su poderoso hijo, Huitzilopochtli. Deseo que estos hombres lleven con ellos muchos buenos regalos para ser entregados a Coatlicue, para mostrarle nuestra gratitud y la fuerza y prosperidad del pueblo azteca y que ella pueda conocer el verdadero poder y valor de su hijo.

—Oh, Poderoso—dijo Tlacaélel—seguramente este es un gran y bendito acto que propones y que traerá mucho honor a ti, a nuestro pueblo y al dios Huitzilopochtli. Pero si me pides consejo sobre cómo se puede lograr, te digo esto: no envíes guerreros, porque no podrán encontrar a Aztlán, ni a Coatlicue la Falda de Serpiente. Nuestros guerreros son dignos y valientes, pero todas sus habilidades no les servirán en este emprendimiento. No, si siguieras mi consejo, te diría que enviaras hechiceros y sabios, porque solo ellos conocen el camino para encontrar un lugar como Aztlán.

—Porque como nos dicen nuestros eruditos, este lugar era encantador y una tierra de abundancia cuando nuestra gente vivía allí, aunque estaba en una tierra pantanosa; pero luego se volvió salvaje y cubierto de cañas, zarzas y árboles con largas espinas, y el suelo era pedregoso e infértil cuando nuestra gente lo abandonó para buscar un nuevo hogar en otro lugar. Aztlán no será fácil de encontrar, ni siquiera por nuestros hombres más duros, e incluso si lo encuentran, los árboles se volverán contra ellos y los mantendrán alejados.

—Además, enviando soldados armados para la batalla podemos asustar a la gente de Aztlán, lo cual no es deseable. Tampoco queremos que Coatlicue tema a sus emisarios. Más bien deberíamos enviar hombres sabios y entendidos, que sepan hablar al pueblo de Aztlán y a Coatlicue de una manera adecuada a una misión de una gran nación a otra. Estos también deberían ser hechiceros con mucho conocimiento de cómo un lugar como Aztlán podría ser alcanzado por magia.

Moctezuma escuchó atentamente todo lo que dijo Tlacaélel, y estuvo de acuerdo en que era un sabio consejo. Por lo tanto, el emperador le llamó Cuauhcóatl (Serpiente de Águila), que era el historiador real y un hombre muy anciano y culto. Moctezuma le pidió a Cuauhcóatl que le contara la historia de Chicomostoc y todo lo que sabía sobre Aztlán y el lugar donde habitaba Huitzilopochtli antes de que condujera a los aztecas en su gran viaje.

—Oh, Poderoso—dijo Cuauhcóatl—. Haré todo lo posible por contarte todo lo que sé, para que tu propósito real se cumpla con gran éxito. El lugar donde vivieron nuestros antepasados se llamaba "Aztlán", que significa "Lugar de la Garza Blanca". Como nos dicen nuestros estudiosos, en Aztlán hay un gran lago, y en medio de este lago hay una gran colina llamada Colhuacán, que significa "Colina Torcida", porque su cima está torcida en todo su alrededor. Esta colina es donde se encuentran las Siete Cuevas, y fue de estas cuevas que nuestros antepasados emergieron al mundo por primera vez, y fue en estas cuevas donde vivieron por primera vez. Nuestros antepasados se llamaban a sí mismos "mexica" y "aztecas", que son nombres que aún hoy usamos con orgullo.

—Sabemos que Aztlán era un lugar de abundancia y tranquilidad. La gente comía libremente de los muchos tipos de aves acuáticas que habitaban allí junto con una gran multitud de peces. Hermosos árboles crecían por todo el lugar, dando sombra a todos los que la buscaban. Los jardines de nuestros antepasados eran fértiles y fácilmente trabajados, produciendo maíz, amaranto, tomates, frijoles y toda clase de chiles; los conocemos aún hoy en día, ya que aquellos que partieron de Aztlán en el gran viaje trajeron semillas con ellos, y nosotros, sus descendientes, aún cultivamos esas buenas plantas en nuestros propios jardines.

—Como lo hacemos hoy en día, nuestros antepasados iban en canoas sobre el agua. Se deleitaban con los cantos y las plumas de colores de muchos pájaros. Sacaban agua fresca y refrescante de muchos manantiales. Su vida en Aztlán fue completamente encantadora.

—Pero una vez que nuestros ancestros dejaron Aztlán, descubrieron que la tierra no se trabajaba tan fácilmente y que la comida no se encontraba tan fácilmente. El suelo era pedregoso, seco y lleno de zarzas. Había muchas serpientes venenosas y animales peligrosos que hacían daño a la gente. Fue un largo y duro camino el que llevó a nuestra gente desde Aztlán hasta el próspero lugar en el que vivimos hoy en día.

Cuando Cuauhcóatl terminó su cuento, Moctezuma le agradeció su sabiduría y luego dijo—: Creo que lo que me has contado debe ser cierto, porque es el mismo cuento que me ha contado Tlacaélel. Ahora ordeno que se envíen mensajeros a través de nuestras tierras para que encuentren sesenta hechiceros que tengan la habilidad y el conocimiento para llevar a cabo la tarea que les encomendaré. Los hechiceros deben ser traídos aquí, para que yo pueda darles sus instrucciones.

Y así, se hizo como Moctezuma lo ordenó. Poco después, los sesenta hechiceros fueron encontrados y reunidos ante el emperador para escuchar su voluntad. Moctezuma dijo a los hechiceros—: Les doy la bienvenida aquí, honorables ancianos, porque tengo una gran tarea para ustedes. Deseo que salgan a buscar Aztlán, la tierra de la que vinieron nuestros antepasados, para ver si aún existe. También deseo que encuentren a Coatlicue la Falda de Serpiente para ver si aún vive y llevarle noticias de su poderoso hijo, Huitzilopochtli. He escuchado de mis sabios consejeros que encontrar este lugar será difícil y que sus habilidades son lo que se necesita para llevar a cabo mis órdenes. Por lo tanto, prepárense de la manera que sea necesaria, para que puedan tener éxito en su camino.

Moctezuma ordenó entonces que se prepararan muchos regalos ricos para que los hechiceros se los llevaran: mantos hechos de muchas plumas de colores o tejidos del más fino algodón, hermosas ropas de mujer cosidas con el mayor de los cuidados, oro, joyas; cacao, algodón, vainilla, y las plumas más brillantes y coloridas de todo el reino. Estas debían ser entregadas a Coatlicue y al pueblo de Aztlán como muestra de buena voluntad de los aztecas. A los propios hechiceros, Moctezuma les dio mantos de colores y muchas otras cosas buenas, junto con suficiente comida para nutrirlos durante su viaje.

Tomando todas estas cosas del emperador, los hechiceros prometieron hacer todo lo posible para llevar a cabo sus órdenes. Luego partieron de la hermosa ciudad de Tenochtitlan y se dirigieron a la colina llamada Coatepec que se encuentra cerca de la ciudad de Tula. Cuando llegaron a Coatepec, subieron a la colina, y allí en su cima comenzaron a hacer su magia, ya que sabían que solo con magia podrían encontrar a Chicomostoc y Aztlán. Cubrieron sus cuerpos con ungüentos mágicos. Dibujaron símbolos mágicos en el suelo. Llamaron a los muchos espíritus que conocían y que podían darles el poder de ir a Aztlán. Los espíritus respondieron convirtiendo a los hechiceros en pájaros y bestias, como jaguares y ocelotes, y luego los llevaron al lugar de Aztlán.

Los hechiceros llegaron a las orillas del lago que Cuauhcóatl había descrito, y allí fueron convertidos de nuevo en sus formas humanas por los espíritus. Mirando hacia el lago, los hechiceros vieron la colina de Colhuacan. También vieron a mucha gente en canoas. Algunos estaban pescando. Otros cuidaban sus chinampas, las parcelas de jardín flotantes que los aztecas de Tenochtitlan también usaban para cultivar sus alimentos. Todos parecían felices y prósperos. Entonces una de las personas levantó la vista de su trabajo y gritó—: ¡Miren! Hay extraños en la orilla.

La gente remaba en sus canoas hasta el lugar donde estaban los hechiceros. Escucharon a los hechiceros hablando en voz baja entre ellos de todas las maravillas que estaban viendo y de lo que debían decir, y la gente se asombró de que los extranjeros hablaran su propio idioma.

Cuando la gente se acercó lo suficiente a los hechiceros para hablar sin gritar, uno de ellos dijo—: ¿Quiénes son? ¿De dónde vienen y qué hacen aquí?

Los hechiceros respondieron—: Somos aztecas. Somos embajadores de nuestro emperador, y estamos buscando el lugar de donde vino nuestra gente.

La gente preguntó—: ¿Qué dios es el suyo?

—Honramos al gran Huitzilopochtli—dijeron los hechiceros—y somos embajadores enviados por el emperador Moctezuma, llevando regalos para Coatlicue la Falda de Serpiente y para traerle noticias de su hijo si aún vive, y para encontrar Chicomostoc, el antiguo hogar de nuestro pueblo.

Al oír esto, una de las personas fue enviada a buscar a la que cuidaba a Coatlicue, madre de Huitzilopochtli. Explicaron el encargo de los hechiceros al guardián, que era un hombre muy anciano—. Que vengan aquí—dijo el guardián—y que sean bienvenidos, porque son nuestros parientes.

Y así, la gente llevó a los hechiceros en sus canoas y los remaron a través del lago hasta la colina de Colhuacan. Al pie de la colina estaba la casa del guardián. Los hechiceros se acercaron a él y le dijeron—: Honorable Padre, somos embajadores de nuestro emperador, y humildemente te pedimos permiso para hablar con la madre de nuestro dios.

—Son muy bienvenidos aquí—dijo el guardián—. Díganme, ¿quién fue el que les envió aquí? ¿Cuál es el nombre de su emperador?

Los hechiceros le dijeron al guardián que Moctezuma era su emperador, y que él y su consejero de confianza, Tlacaélel, les habían ordenado emprender el viaje a Aztlán.

Cuando el guardián escuchó esto, su frente se arrugó—. ¿Moctezuma y Tlacaélel? No conozco esos nombres. Dígame, ¿aún está entre ustedes Tezacatetl o Acacitli? ¿Ocelopan o Ahuatl? ¿Xomimitl, Ahuexotl o Huicton? ¿Todavía vive Tenoch? Porque estos eran los líderes de los que partieron de esta tierra hace mucho tiempo, y no hemos oído nada de ellos desde entonces. Tampoco hemos oído nada de los cuatro que llevaron al dios Huitzilopochtli lejos de aquí.

—Venerable—dijeron los hechiceros—, hemos oído esos nombres, pero no conocemos a ninguno de esos hombres porque murieron hace mucho tiempo.

—¡Oh!—dijo el guardián—. ¡Oh, qué noticias tan tristes traen! ¿Cómo murieron? ¿Cómo es que están muertos mientras nosotros aún vivimos? ¿Quién les guía ahora que se han ido? ¿Y quién es el que cuida de Huitzilopochtli?

—Los nietos de tus amigos son nuestros líderes—dijeron los hechiceros—y el sacerdote de Huitzilopochtli es un hombre muy sabio y santo llamado Cuauhcóatl, que sirve bien al dios y nos hace saber su voluntad.

—Ah, es bueno que el dios esté bien cuidado por un hombre devoto—dijo el guardián—. ¿Lo han visto ustedes mismos antes de venir aquí? ¿Envió un mensaje?

Los hechiceros le dijeron al guardián que Moctezuma y Tlacaélel eran los que los habían enviado a su misión. Entonces tuvieron que admitir que no habían hablado con Huitzilopochtli ellos mismos, ni el dios les había dado ningún mensaje.

—Eso es preocupante—dijo el guardián—porque cuando Huitzilopochtli nos dejó, dijo que regresaría, y no hemos tenido noticias de cuándo será eso. Su madre ha estado esperando todo este tiempo, y llora a diario porque no ha tenido noticias. Deberían ir a hablar con ella, porque tal vez puedan reconfortarla.

—En efecto, nos honraría hablar con la Falda de Serpiente—dijeron los hechiceros—porque es parte de nuestra misión, y tenemos muchos buenos regalos que ofrecerle.

El viejo dijo entonces a los hechiceros que tomaran sus bultos de regalos y lo siguieran hasta la casa de Coatlicue, que estaba cerca de la cima de la colina. La parte superior de la colina era de arena muy blanda, y el viejo guardián subió con gran facilidad. Pero los hechiceros se hundieron bajo el peso de sus cargas, sus pies se hundieron en la arena. El guardián se dio cuenta de que los hechiceros se estaban quedando atrás. Miró hacia atrás y los vio luchando a través de la arena—. ¿Por qué es esto difícil?—preguntó—. Intenten ir más rápido.

Los hechiceros intentaron una y otra vez hacer lo que el guardián pidió, pero el único resultado fue que se hundieron hasta la cintura en la arena y no pudieron ir más lejos. El guardián regresó a donde estaban los hechiceros y dijo— ¿Qué han estado comiendo que son demasiado pesados para caminar por esta colina?

—Comemos la comida que crece en nuestros jardines—respondieron los hechiceros—y bebemos chocolate.

—Ah, eso es lo que está mal—dijo el guardián—. Su comida es demasiado rica y pesada. Deberían vivir de forma más sencilla, como lo hacemos aquí. Entonces serían capaces de caminar por esta colina. Pero como no pueden, deben darme sus bultos y esperar aquí mientras voy a ver si Coatlicue bajará a hablar con ustedes.

Y así, el viejo recogió un bulto de regalos que los hechiceros habían traído, y llevándolo en su espalda como si pesara menos de un puñado de plumas, subió la colina hasta la casa de Coatlicue. Allí dejó el paquete y volvió a buscar el resto. El anciano llevó cada uno de los bultos colina arriba a la espalda con la mayor facilidad.

Cuando todos los regalos fueron llevados a la casa, Coatlicue bajó la colina para reunirse con los hechiceros. Era vieja, vieja, vieja y no tenía ni una pizca de belleza en su cara o en su cuerpo. Su pelo estaba enmarañado, su piel y sus ropas estaban cubiertas de suciedad, y lloraba muchas lágrimas de dolor.

—Les doy la bienvenida, hijos míos—dijo la diosa—y les pido perdón por mi aspecto. Pero es la pena por mi hijo la que me hace así, pues no me he bañado ni peinado ni cambiado de ropa desde que se fue, y he pasado los días llorando, esperando su regreso. Díganme, ¿es verdad que han sido enviados aquí por los siete ancianos que se fueron con la gente que mi amado Huitzilopochtli llevó lejos de aquí hace tantos años?

Los embajadores miraron a Coatlicue y su horrible aspecto, y tuvieron mucho miedo. Todos se inclinaron ante ella lo mejor que pudieron a pesar de la arena y dijeron—: Oh, Gran Señora, de los siete ancianos conocemos solo los nombres, pues murieron hace mucho tiempo. Los que nos enviaron fueron Moctezuma, nuestro rey y su humilde servidor, y su consejero de confianza, Tlacaélel, un hombre sabio y valiente. Deseaban que viniéramos aquí para saludarte y ver el lugar que nuestros antepasados llamaron hogar.

—Han pasado muchos, muchos años desde que nuestros antepasados dejaron este lugar. Moctezuma es el quinto rey de nuestro pueblo. Los cuatro que vinieron antes de él fueron Acamapichtli, el primer rey, luego Huitzilihuitl, luego Chimalpopoca, y luego Itzcóatl. Moctezuma nos pide que te digamos: "Te saludo, madre de nuestro dios, y me inclino ante ti como tu humilde servidor. Mi nombre es Huehue Moctezuma (Moctezuma el Anciano), y todo lo que me pidas, lo haré".

—Y nuestro rey también nos pide que te digamos el destino de nuestros pueblos, y lo que les ocurrió después de dejar este lugar. Viajaron mucho y muy lejos a través de muchas dificultades. La gente estaba a menudo hambrienta y muy pobre, y durante mucho tiempo fueron vasallos de otros y se vieron obligados a pagar fuertes tributos. Pero ahora somos dueños de nuestra propia ciudad, un lugar hermoso y próspero. Hemos construido muchos caminos en los que todos pueden viajar con seguridad. Además, los aztecas son los gobernantes de la tierra, nuestra ciudad es la capital principal, y otros nos pagan ahora tributo. Para mostrar cuán próspero se ha vuelto nuestro pueblo, Moctezuma nos pidió que te demos estos regalos, ya que fueron ganados con gran esfuerzo y con la ayuda de tu poderoso hijo, Huitzilopochtli, que ahora vive entre nosotros con gran honor. Y este es todo el mensaje que se nos ha ordenado darte.

Cuando Coatlicue escuchó el mensaje de los hechiceros, dejó de llorar—. Hijos míos, les doy la bienvenida; les doy las gracias por estos regalos y por el mensaje que me han dado. Pero me entristece mucho oír que los siete ancianos han pasado de este mundo, y quiero entender cómo les ocurrió a ellos, pues todos sus amigos aquí presentes aún viven.

—También deseo saber más de algunos de estos regalos. —Levantó un paquete de cacao y preguntó—: ¿Qué es esta cosa? ¿Es algo para comer?

—Oh Gran Señora—respondieron los hechiceros—, eso es cacao, y de él hacemos una deliciosa bebida. También lo mezclamos con otros alimentos, y es muy bueno para comer de esa manera.

—Ah, ya veo—dijo Coatlicue—. Esto es lo que ha impedido que suban a la colina, ya que es una comida muy pesada. —Entonces la diosa miró los mantos que Moctezuma había dado a los hechiceros y dijo—: Es una vestimenta muy fina la que llevan. ¿Mi hijo Huitzilopochtli lleva algo parecido? ¿También tiene ropa bien tejida y adornada con plumas brillantes?

—Sí, en efecto—dijeron los hechiceros—. Está vestido así y con cosas aún más ricas que estos mantos porque se siente muy honrado, y es con su ayuda que hemos ganado la riqueza que ahora te traemos.

Coatlicue dijo entonces—: Hijos míos, mi corazón se alegra mucho por sus palabras y por la historia que cuentan de mi hijo y de los que se fueron de este lugar hace mucho tiempo. Me complace que la gente ahora viva en prosperidad. Pero a cambio, les pido que lleven un mensaje a Huitzilopochtli. Díganle que se apiade de su madre, porque me siento sola aquí ahora que se ha ido. Díganle que recuerde las palabras que me dijo cuando se fue, que dijo que volvería después de haber guiado a las siete tribus a un lugar seguro y próspero, que saldría y conquistaría a muchos pueblos y luego volvería a casa conmigo cuando su propio pueblo fuera conquistado a su vez.

—Pero me parece que mi hijo ha hecho un buen hogar entre ustedes y que está tan contento allí y tan bien cuidado que olvida su obligación con su madre. —La diosa dio entonces a los hechiceros un simple manto y un paño de calzón tejido con fibras de maguey, y les dijo—: Les pido que tomen este manto y este taparrabos y se lo den a Huitzilopochtli como regalo mío y como recordatorio de que prometió volver.

Los hechiceros se inclinaron ante la diosa. Tomaron la ropa con la promesa de que se la darían y su mensaje a Huitzilopochtli tan pronto como regresaran a casa. Pero antes de que se fueran lejos, la diosa los llamó—. ¡Esperen!—dijo—. Les mostraré cómo es que la gente vive tanto tiempo y nunca envejece aquí. Miren a mi guardián. Es muy viejo. Pero cuando baje hacia ustedes, se convertirá en un hombre joven.

Y así, el viejo guardián comenzó a caminar por la montaña. A medida que caminaba, se fue haciendo cada vez más joven. Cuando llegó a los hechiceros, dijo—Ahora parezco tener unos veinte años. Pero cuando vuelva a subir, me haré más viejo.

El hombre comenzó a caminar por la colina. Cuando estaba a mitad de camino, parecía tener cuarenta años. Más arriba de la colina, se hizo muy viejo. Entonces se volvió hacia los hechiceros y dijo—

Miren niños, lo que esta colina hace por nosotros. Si un anciano quiere ser más joven, sube a la punta de la colina que le dará la edad que quiere tener. Si quiere volver a ser un niño, puede subir a la misma cima. Para ser un hombre joven, solo necesita escalar un poco más de la mitad del camino. Escalar a mitad de camino lo convierte en alguien de mediana edad. Así es como vivimos mucho tiempo, y ahora entiendo que por eso los siete líderes que se fueron con el pueblo ya no viven; no tienen esa colina en su tierra, y no pudieron recuperar su juventud.

—Creo que también debe ser la forma en que vives en su tierra. Beben mucho cacao, comen alimentos ricos y se vistes con ropa fina. Todo esto les ha hecho pesados y lentos, y les hace envejecer. Lo demuestran en sus cuerpos y en los regalos que han traído hasta aquí. Sin embargo, no deben volver a casa sin regalos. Les daremos muchas de las cosas que valoramos para que se las lleven a su rey.

El guardián ordenó entonces que se prepararan regalos para los hechiceros. La gente de Aztlán les dio todo tipo de aves acuáticas que vivían alrededor del lago que rodeaba la colina, patos, gansos y garzas. Les dieron muchos tipos de plantas y flores. La gente de Aztlán preparó guirnaldas de flores coloridas, buenos mantos y taparrabos de fibra de maguey, ropa del tipo que usaban, para ser entregada a Moctezuma y Tlacaélel.

—Vayan ahora con buena fortuna—dijo el guardián—y pidan disculpas a su rey y a su noble consejero por la humilde naturaleza de los regalos que llevan. No son nada tan bueno como lo que has traído, pero son los mejores que tenemos.

Los hechiceros agradecieron al guardián y al pueblo por sus regalos y su hospitalidad. Luego comenzaron a hacer la magia que los llevaría de vuelta a su hogar. Pintaron sus cuerpos con los ungüentos mágicos. Dibujaron los símbolos místicos en el suelo. Convocaron a los espíritus para que los llevaran de vuelta a casa.

Los espíritus vinieron y los convirtieron en las formas animales en las que los hechiceros vinieron a Aztlán y los llevaron a la colina de Coatepec. Cuando los hechiceros recuperaron sus formas humanas, miraron a su alrededor y se consternaron porque faltaban unos veinte de ellos. Lo que sucedió con esos veinte nunca fue descubierto, pero algunos dicen que debieron haber sido presa de bestias salvajes en el viaje de regreso a Coatepec.

Los hechiceros cargaron sus bultos de regalos y partieron hacia Tenochtitlan. Cuando llegaron, se les dio una audiencia con Moctezuma. Le contaron al emperador lo que había sucedido en Aztlán y le dieron los muchos regalos que el guardián de Coatlicue y el pueblo de Aztlán les habían dado. Los hechiceros informaron de todo lo que se había dicho entre ellos y la diosa y entre ellos y su guardián. Le contaron al emperador acerca de la colina mágica que podría restaurar la juventud perdida y que la gente que vivía en Aztlán hoy en día era la misma que se había quedado atrás cuando las siete tribus dejaron sus hogares en su gran viaje al sur hace mucho tiempo. También le dijeron al emperador lo que la diosa había dicho de su hijo, que se sentía muy sola sin él y quería que volviera a casa con ella, y que había dicho que un día lo haría porque el reino de Tenochtitlan sería conquistado, al igual que los mexicas habían conquistado a la gente que había vivido allí antes de que ellos llegaran.

Moctezuma agradeció a los hechiceros por sus mensajes y sus regalos. Luego convocó a Tlacaélel para escuchar el informe de los hechiceros. Le contaron todo lo que habían visto, las plantas y los árboles, las aves acuáticas y los peces, y los jardines flotantes que producían todo lo bueno en gran cantidad. Le contaron a Tlacaélel cómo la gente navegaba por el lago en sus canoas. También le dijeron que parecía que nunca había una sola temporada de crecimiento, sino muchas que se superponían, de modo que mientras algo de maíz aún brotaba, otros campos estaban listos para la cosecha, y de esta manera, el alimento siempre era muy abundante.

Cuando relataron todo esto, los hechiceros describieron su aventura en la colina de la juventud y cómo no podían escalarla porque se hundían en la suave arena, pero que el guardián podía escalarla con facilidad a pesar de estar muy cargado con los regalos que habían llevado para la diosa. Explicaron que se hundieron en la arena porque se habían vuelto pesados por su rica vida y por beber tanto chocolate. Los hechiceros también contaron al emperador y a Tlacaélel cómo Coatlicue y el guardián habían llorado al oír que sus amigos que habían partido en el gran viaje al sur estaban ahora muertos.

Moctezuma y Tlacaélel escucharon con asombro la historia de los hechiceros. Estaban muy conmovidos al escuchar todas las cosas hermosas de la tierra de Aztlán y cómo sus ancestros aún vivían allí con la madre de su propio dios, y se apenaron un poco al no haber podido ver estas cosas con sus propios ojos. Entonces el emperador y su consejero agradecieron gravemente a los hechiceros por los regalos y por haber emprendido un viaje tan peligroso. Ordenaron que los hechiceros fueran recompensados con muchos regalos. Y cuando esto se hizo, dijeron a los hechiceros que fueran al templo de Huitzilopochtli y lo vistieran con el manto y el taparrabos que llevaban con ellos, ya que estos eran los regalos que su propia madre había hecho y había enviado solo para él.

Huemac y el Hechicero

Entre los contenidos del Códice Florentino, *la etnografía de los aztecas del siglo XVI de Fray Bernardino de Sahagún, se encuentran historias sobre Huemac, el mítico último rey de los toltecas y del exilio de Quetzalcóatl de Tula. Estos son cuentos que Sahagún aprendió de sus informantes aztecas.*

Una serie de historias en el Códice Florentino *cuenta las desgracias de Huemac y de su pueblo a manos del dios azteca, Tezcatlipoca. Aunque los personajes principales de estas historias son toltecas, las historias en sí son creaciones aztecas destinadas a legitimar la supremacía azteca proporcionando explicaciones míticas para la caída de la cultura tolteca. En estas leyendas, Tezcatlipoca viene disfrazado a Tula, la capital de los toltecas, donde se insinúa en la sociedad tolteca y luego causa estragos, primero fascinando a la gente para que se destruyan a sí mismos y luego finalmente matándolos él mismo.*

Una vez hubo un rey de los toltecas llamado Huemac. Tenía una hija que era la mujer más hermosa de todo el país. Muchos hombres deseaban casarse con ella, pero su padre siempre prohibía el matrimonio.

El gran enemigo de Huemac y de los toltecas era el dios del Espejo Humeante, Tezcatlipoca. Tezcatlipoca siempre buscaba formas de causar problemas a los toltecas, así que fue a Tula disfrazado del hechicero Titlacahuan. Se convirtió en un joven que vendía chiles verdes. Anduvo en esta forma sin un taparrabos, para que su hombría fuera visible para todos. Desnudo como estaba, fue al mercado cerca del palacio a vender sus chiles.

Mientras Titlacahuan vendía chiles en el mercado, la hija de Huemac lo vio allí. Lo vio desnudo, junto con la virilidad de su hombría, y se encendió con la pasión de tener a Titlacahuan como amante. Tan deseosa estaba que empezó a actuar como si estuviera enferma, rechazando la comida, suspirando y gimiendo, y con un aspecto triste e indispuesto.

Huemac vio que su hija estaba enferma, así que fue a ver a sus sirvientas para preguntarles qué le pasaba. Las sirvientas le dijeron al rey—: Su hija vio a ese vendedor de chiles verdes en el mercado. Él anda por ahí sin ropa, y ella ahora está ardiendo en deseos de él.

Por lo tanto, Huemac ordenó que el vendedor de chiles verdes fuera llevado ante él para dar cuenta de su comportamiento. Los mensajeros recorrieron toda la ciudad de Tula anunciando que el hombre era buscado por el rey. Lo buscaron por todas partes, pero no lo encontraron por ninguna parte, hasta que un día reapareció en el mercado en el mismo lugar donde la hija del rey lo había visto por primera vez. Se envió al rey la noticia de que el vendedor de chiles había regresado, y el rey ordenó que el hombre fuera llevado ante él inmediatamente. No mucho después, los mensajeros regresaron con el hombre.

—¿Quién eres y de dónde vienes?—preguntó Huemac.

—Oh, solo soy un extraño aquí. Vendo chiles verdes en el mercado—dijo Titlacahuan.

Entonces Huemac dijo—: ¿Dónde has estado antes de venir aquí? Además, es indecente andar por ahí sin taparse. Coge un taparrabos y cúbrete.

Titlacahuan respondió—: Pero en mi tierra así es como nos movemos. No llevamos taparrabos.

—No me importa lo que hagas en tu propia tierra—dijo Huemac—. Ahora estás en mi reino, y tu desnudez ha inflamado a mi hija con deseo. Debes curarla de esta enfermedad.

Entonces el extraño se asustó—. Oh, no, gran rey. No me obligues a hacer esto. Solo soy un vendedor de chiles verdes.

—No me importa—dijo el rey—. Has hecho enfermar a mi hija, así que la curarás de ello.

El rey ordenó que el hombre fuera llevado para ser bañado y puesto atractivo para su hija. Y cuando esto se hizo, el rey llevó al hombre a su hija y dijo—: Ahí está. Cúrala.

Así que Titlacahuan se acostó con la hija del rey, y ella quedó muy satisfecha. Cuando Huemac vio lo feliz que era su hija, la casó con Titlacahuan. Cuando se corrió la voz de que el rey había casado a su hija con el vendedor de chiles verdes, la gente empezó a burlarse del rey porque había dado su hija a un extraño y no a uno de su propia gente. Huemac se avergonzó mucho por esto, así que ideó un plan para librarse del extraño de una vez por todas. Huemac llamó a sus principales guerreros. Les ordenó tomar el ejército y declarar la guerra contra Zacatepec y Coatepec, y mientras la lucha estaba bien controlada, abandonarían a Titlacahuan en el campo para que fuera asesinado o hecho prisionero. También les dijo a los jefes guerreros que le dieran a Titlacahuan solo jorobados y a otros con cuerpos no sanos para que fueran sus compañeros en la batalla.

Y así, los toltecas declararon la guerra a Coatepec y Zacatepec y se dispusieron a luchar. Los principales guerreros pusieron a Titlacahuan y a los jorobados y otros en una parte del campo. Luego el resto se fue a otra parte, pensando que los guerreros de Coatepec y Zacatepec matarían a Titlacahuan y a sus compañeros. Los jorobados y los demás que estaban con Titlacahuan tenían mucho miedo, porque sabían que no eran lo suficientemente fuertes para luchar contra los otros guerreros. Pero Titlacahuan les dijo que no se preocuparan, porque estaba seguro de derrotar a sus enemigos.

Una vez que se unieron a la batalla, los guerreros toltecas abandonaron Titlacahuan y regresaron a Tula. Le dijeron a Huemac—: Dejamos al forastero y a sus compañeros solos en el campo, como usted lo ordenó. Seguramente ya los habrán matado a todos.

Pero en el campo de batalla, Titlacahuan gritó—: ¡Peleen con fiereza! ¡Tengan coraje! ¡Los derrotaremos! ¡Les prometo que traeremos de vuelta a muchos cautivos y eliminaremos a ese número de nuevo!

Y cuando los guerreros de Coatepec y Zacatepec atacaron a Titlacahuan y a sus compañeros, fueron capturados y asesinados en gran número. Cuando la batalla terminó, Titlacahuan y los demás volvieron a Tula. Ya se había corrido la voz en Huemac sobre las acciones que habían realizado, y también se había corrido la voz por toda la ciudad. Titlacahuan y sus compañeros fueron recibidos a las puertas de Tula por una multitud que los aclamaba. Le dieron a Titlacahuan plumas de quetzal brillantes y el escudo de turquesa y muchos otros adornos que se dan a los héroes y reyes. El pueblo bailó y cantó en honor de Titlacahuan. Sonaron sus trompetas de caracol y tocaron sus tambores. Y cuando la procesión llegó a las puertas del palacio, la gente pintó los rostros de Titlacahuan y sus compañeros de rojo, sus cuerpos de amarillo, y colocó plumas en sus cabezas.

Huemac salió al encuentro de Titlacahuan y sus compañeros—. Mira, ahora los toltecas te saludan como un héroe del pueblo y como uno de ellos. En verdad eres mi yerno.

Pero Titlacahuan no pensaba en convertirse en uno de los toltecas. A pesar de que había derrotado a Coatepec y Zacatepec, y a pesar de que había sido ungido con pintura roja y amarilla y con plumas, todavía planeaba destruir a los toltecas. Ahora se dirigió a las multitudes y pensó en hacerlas bailar y cantar. Titlacahuan fue a la cima del Tzatzitepetl, la montaña que habla, que estaba justo a las afueras de la ciudad. Y desde la cima de esa montaña, llamó a todo el mundo en todas partes a venir a Tula.

Cuando todos se habían reunido, Tlatelolco fue a un lugar llamado Texcalpan, y le dijo a toda la gente que lo siguiera. Entonces Titlacahuan comenzó a cantar y a tocar su tambor. Todos comenzaron a bailar juntos y a cantar la canción de Titlacahuan. Desde el atardecer hasta la medianoche, Titlacahuan dirigió el canto y el baile, y nadie se sentó aparte de él.

El pueblo estaba tan concentrado en sus canciones y bailes que no miraba por dónde iba. Algunos de ellos cayeron en un cañón. Murieron al caer al suelo, y sus cuerpos se convirtieron en piedras. Otros habían empezado a cruzar el puente que pasaba por el cañón, pero Titlacahuan rompió el puente, y todos los que estaban en él cayeron al río, donde sus cuerpos se convirtieron en piedras. Pero incluso mientras la gente caía en el cañón y en el río, todavía no entendían que Titlacahuan les hacía cantar y bailar para que se destruyeran a sí mismos.

Hubo otro tiempo en que Titlacahuan fue a Tula y trabajó en la hechicería de la gente de allí. Se disfrazó y fue a Tula como un mago con una pequeña figura en la mano. La figurita parecía un niño pequeño, pero algunos dicen que era el dios Huitzilopochtli que se había transformado. Titlacahuan sostuvo la figurita ante la gente, y ¡caramba! La figurita comenzó a bailar por sí misma.

La gente estaba encantada con el baile de esta figurita. Se apiñaron hacia el mago, queriendo ver más. Tanta gente se adelantó hacia el mago que algunos fueron aplastados hasta morir por la presión de los cuerpos, mientras que otros cayeron y fueron pisoteados y murieron allí. Pero el mago no tomó nota de la multitud o de los gritos y gemidos de los moribundos. Más bien, le dijo a la gente—: ¡Miren esta brujería! Seguramente es por magia maligna que esta figurita está hecha para bailar.

Entonces la gente se volvió contra el mago. En lugar de querer ver bailar a la figurita, querían matar a Titlacahuan y destruir la figurita. La gente cogió piedras y se las lanzó al mago. Una y otra vez le arrojaron piedras, hasta que finalmente cayó, muerto, y su cuerpo quedó allí para pudrirse.

No pasó mucho tiempo antes de que el cadáver empezara a apestar. El olor era más horrendo que cualquiera que la gente hubiera encontrado antes. Pero no solo eso: los que olían el hedor del cadáver del mago caían muertos, y cuando el viento llevaba el hedor por la tierra, moría la gente que lo olía.

Pero Titlacahuan aún no había terminado con sus travesuras, pues aun así se proponía destruir a los toltecas. Y así, tomó una nueva forma y fue a Tula, donde dijo a la gente—: ¿Por qué dejan que una cosa tan ruidosa se siente en su mercado? Seguramente debería ser eliminada.

Los toltecas escucharon las palabras de Titlacahuan y dijeron—: Sí, este hombre tiene toda la razón. No debemos dejar que esto se quede en nuestro mercado. Consigamos cuerdas y atémosle los pies y arrastrémoslo fuera de la ciudad.

Y así, los hombres de Tula fueron a buscar cuerdas, y las ataron alrededor el cadáver. Luego tiraron de las cuerdas para arrastrar al muerto. Pero el cadáver era demasiado pesado; no importaba cómo tiraran, el cuerpo no se movía. Los hombres de Tula pidieron ayuda. Llamaron a otros para que vinieran y les ayudaran a tirar, y cuando una gran multitud se reunió y se agarró a las cuerdas, se dio la orden de que todos tiraran. Pero aun así el cadáver no se movió. En su lugar, las cuerdas que lo ataban se rompieron, y los hombres cayeron uno encima del otro, y muchos fueron asesinados con la presión de los cuerpos.

Titlacahuan se dirigió a los hombres de Tula y les dijo—: Oh, veo que no son lo suficientemente fuertes para sacar un simple cadáver. Tal vez deberían usar mi canción mágica. Deberían cantar, "¡Arrastra, arrastra, arrastra este tronco muerto! ¡Arrástralo! Ayúdanos a arrastrarlo, oh hechicero Titlacahuan!"

Los hombres de Tula escucharon la canción del mago. Pusieron nuevas cuerdas alrededor del cadáver y comenzaron a tirar, cantando la canción que el hechicero les enseñó. Tiraron y tiraron, y de nuevo las cuerdas se rompieron, y de nuevo muchos murieron con la presión de los cuerpos.

Una y otra vez sucedió esto. Los hombres trataban de sacar el cadáver, y muchos morían cuando las cuerdas se rompían. Pero aun así volvían e intentaban de nuevo, ya que habían sido encantados por Titlacahuan, que quería que se destruyeran a sí mismos.

Un último hechizo que Titlacahuan practicó con los toltecas lo hizo en la apariencia de una anciana. Primero, lo hizo para que la comida de los toltecas se estropeara. Sabía tan amarga que nadie podía soportar comerla. No importaba qué comida se preparara o cómo se preparara, no era apta para comer. Y así, los toltecas se volvieron muy hambrientos, y los otros pueblos de las tierras se rieron de ellos.

Después de tomar la apariencia de una anciana, Titlacahuan fue a Xochitlán (Lugar de la Flor), donde había jardines que flotaban en el agua así como jardines de muchas flores en la tierra. Allí, Titlacahuan se sentó en su apariencia de anciana, tostando maíz. El aroma del maíz tostado flotaba en su hoguera. Se desvanecía con el viento. Se fue a lo largo de los campos y sobre las colinas. Entró en los templos y en las casas de la gente. Y en todas partes los toltecas decían—: ¿Qué es este aroma a maíz tostado? ¿De dónde viene? Seguramente ahora tendremos buena comida, si podemos encontrar a quien tuesta este maíz.

Y así, los toltecas se pusieron en marcha en gran número para encontrar donde estaba este buen maíz. Dejaron sus casas en Tula y fueron a Xochitlán, y llegaron rápidamente, ya que los toltecas tenían el don de moverse de un lugar a otro muy rápidamente.

Cuando los toltecas llegaron al lugar donde estaba Titlacahuan, el hechicero tomó una gran espada y los mató a todos. Titlacahuan los cortó uno tras otro en su apariencia de anciana. Y así, los pueblos de los alrededores se divirtieron con los toltecas, ya que la anciana había matado a muchos de ellos.

Huemac juega el juego de pelota

Una importante fuente de los mitos aztecas es el ahora desaparecido Códice Chimalpopoca, un manuscrito escrito en 1558 en náhuatl y español. La narración de la "Leyenda de los Soles" en este códice contiene una historia sobre Huemac, el mítico último rey de los toltecas, que aprende una dura lección sobre la cortesía y el honor debido a los seres divinos. Al igual que las historias sobre Huemac del Códice Florentino contemporáneo, este cuento fue creado en un intento de legitimar el dominio azteca.

En esta sección de la leyenda, Huemac juega al tlachtli, el juego de pelota sagrado, con el tlaloque, sirvientes del dios de la lluvia, Tláloc. El tlachtli fue jugado por muchas culturas mesoamericanas. Las reglas requerían que los jugadores usaran solo sus caderas y rodillas para golpear una pelota de goma sólida de unos 15 cm de diámetro. Debido al peso de la pelota y a la dureza del juego, los atletas llevaban un equipo protector hecho de piel de venado. Aunque hay algunas variaciones en el tamaño y la forma de las canchas existentes, los espacios de juego a menudo tenían la forma de una "T" mayúscula flanqueada por muros de piedra. En el punto medio de las paredes en los lados largos de estas canchas había aros de piedra con apenas suficiente espacio para que la pelota pasara. Golpear la pelota a través del aro terminaba el juego, y el equipo que había marcado ese gol era el ganador. Sin embargo, estos goles eran raros, y había otros medios de llevar la cuenta para determinar quién ganaba o perdía.

En esta historia, Huemac y sus oponentes apuestan plumas de jade y quetzal en el resultado de su juego. Las culturas mesoamericanas usaban las plumas del quetzal y otras aves como un importante producto agrícola y artículo de comercio. Las plumas de quetzal, especialmente, eran muy apreciadas por su belleza y sus brillantes colores, pero no cualquiera podía usarlas; eran un símbolo de nobleza y poder, y como tales se daban como premios a los guerreros más valientes, o eran usadas como símbolos de autoridad por el rey y los titulares de los cargos gubernamentales.

Un día, Huemac, rey de los toltecas, tuvo la idea de jugar al juego de pelota. Pensó a quién podría invitar a jugar con él, pero no pudo pensar en nadie que le ofreciera un verdadero desafío, ya que Huemac era el mejor jugador de tlachtli que había vivido. Y así, el rey se enfadó y no invitó a nadie, y anduvo por ahí de mal humor refunfuñando para sí mismo. Llegó la noticia al tlaloque, los señores de la lluvia que sirven a Tláloc, el dios de la lluvia, de que Huemac quería jugar al tlachtli pero no encontraba a nadie lo suficientemente bueno para enfrentarse a él, así que el tlaloque fue a Tula y dijo que jugarían con Huemac. Huemac estaba encantado con esto, porque aquí seguramente había jugadores que presentarían un desafío a sus habilidades.

El tlaloque le preguntó a Huemac—: ¿Hacemos una apuesta en nuestro juego?

Huemac respondió—: ¡Sí, claro que sí! Apuesto mi jade y mis plumas de quetzal.

El tlaloque dijo—: Está bien. También apostamos nuestras plumas de jade y quetzal.

Luego el tlaloque y Huemac bajaron al campo de juego y jugaron el partido. No importaba cuán rápido corriera el tlaloque, no importaba cuán fuerte golpearan la pelota con sus caderas y rodillas, no eran rival para la habilidad de Huemac. Finalmente, el rey le dio a la pelota un poderoso golpe, atravesó el aro al lado de la cancha, y el tlaloque tuvo que admitir la derrota.

El tlaloque trajo su apuesta a Huemac. Le dieron espigas de maíz en sus cáscaras verdes, porque para ellos eran plumas de jade y quetzal. Pero Huemac se sintió insultado por esto, ya que esperaba piedras preciosas y plumas brillantes—. ¿Qué es esto?—dijo Huemac—. Esto no es jade precioso ni hermosas plumas de quetzal. Es solo maíz. ¡Llévatelo!

Y así, el tlaloque quitó el maíz y dio a Huemac jade como piedra preciosa y plumas de quetzal como plumas brillantes, y cuando esto se hizo, le dijeron al rey—: Por tu insolencia y codicia, te quitaremos nuestro propio jade a ti y a tu pueblo. Te lo ocultaremos a ti y al pueblo durante cuatro años.

Pronto Huemac aprendió el gran costo de su rudeza. El tlaloque hizo que una gran tormenta de granizo cayera sobre la tierra de los toltecas. El granizo cayó del cielo en una gran lluvia, y cuando terminó, hubo granizo hasta la rodilla de un hombre en toda la tierra. Todas las cosechas fueron enterradas y murieron por el frío y el impacto del granizo. Entonces salió el sol. Salió y brilló sin piedad sobre Tula. Brilló sobre los cactus de maguey y nopal, los árboles y la hierba, secándolos todos. El sol brilló tanto y tan caliente que incluso las piedras comenzaron a agrietarse por el calor y la sequedad, ya que el tlaloque también detuvo la lluvia. Y así, fue que los toltecas no pudieron cultivar suficiente comida para comer, y muchos de ellos murieron de hambre.

Finalmente, al final de los cuatro años, el tlaloque trajo de vuelta la lluvia. Un día, mientras llovía, un hombre tolteca caminó junto a un charco de agua, y del charco surgió una espiga madura de maíz que alguien ya había empezado a comer. El hombre sacó la mazorca del agua y comenzó a comerla él mismo. De repente, un sacerdote de Tláloc, el dios de la lluvia, también emergió de la piscina de agua.

—¿Has aprendido la lección?—preguntó el sacerdote.

—Sin duda alguna, oh Santo—dijo el hombre—y también lo han hecho todos mis hermanos y hermanas.

—Eso está bien—dijo el sacerdote—. Espérame aquí, porque voy a hablar con el Señor de la Lluvia.

El sacerdote regresó bajo el agua, y cuando reapareció, sus brazos estaban llenos de espigas de maíz maduras—. Lleva esto a Huemac—dijo el sacerdote—. Dile que, si desea que vuelva la lluvia, les dará a los dioses la hija de Tozcuecuex el mexica, porque seguramente el mexica se comerá a los toltecas como tú te comes el maíz.

El hombre hizo lo que el sacerdote le ordenó. Cuando Huemac escuchó el mensaje de los dioses, lloró, porque comprendió que aunque las lluvias volverían, el reino de los toltecas había terminado. Huemac envió mensajeros a los mexicas para exigir que le trajeran a la joven. Los mensajeros le dijeron a los mexicas que la joven había sido reclamada por los dioses. Y así, los mexicas se prepararon para el sacrificio ayunando durante cuatro días. Y cuando el tiempo de ayuno y preparación terminó, entregaron la joven a los dioses, sacrificándola en Pantitlán. Cuando se completó el sacrificio, el tlaloque se le apareció a Tozcuecuex, el padre de la niña, diciendo—No te apenes por tu hija, porque ella estará contigo.

Luego pusieron el corazón de la chica y muchos tipos de comida en la bolsa de tabaco de Tozcuecuex. El tlaloque le dijo a Tozcuecuex—: Aquí hay comida para los mexicas. Ten valor, porque seguramente los toltecas serán destruidos y los mexicas heredarán sus tierras.

Cuando esto se hizo, el tlaloque trajo mucha lluvia. Llovió durante cuatro días y cuatro noches, y cuando terminó de llover, la hierba, los árboles y los cultivos empezaron a brotar y a crecer, y pronto hubo suficiente comida para todos. Pero al final, lo que los dioses habían dicho se hizo realidad: los toltecas fueron destruidos. Huemac huyó para esconderse en una cueva, y su gente se dispersó por muchos otros lugares, y los mexicas llegaron a gobernar esas tierras.

Cómo Quetzalcóatl se convirtió en la estrella de la mañana

Al igual que la leyenda de Huitzilopochtli y la migración de los mexicas, la historia de la salida de Quetzalcóatl de Tula, la capital de los toltecas, puede estar basada en parte en hechos históricos, aunque es extremadamente difícil desenredar los hechos de la red del mito. La antigua civilización tolteca de Tula le dio el título de "Quetzalcóatl" a sus reyes sacerdotes, y en su apogeo, la civilización tolteca parece haber sido una de paz y abundancia, con muchos templos finos. En la leyenda que se relata a continuación, es el dios azteca del Espejo Humeante quien engaña a los toltecas Quetzalcóatl en una serie de indiscreciones que llevan a Quetzalcóatl a abandonar Tula. Al igual que las historias de Huemac y los hechiceros, presentadas antes, este cuento también proviene del Códice Florentino.

Hubo un tiempo en que el dios Quetzalcóatl vivía en la tierra, y era el señor de Tula, la ciudad de los toltecas. Quetzalcóatl gobernó sabia y justamente, y la ciudad de Tula era un lugar rico con muchos palacios llenos de riquezas. Los campos siempre estaban llenos de granos y vegetales. Los mercados siempre estaban ocupados con el comercio. Nadie en Tula nunca quiso nada más.

Como sacerdote-rey de Tula, Quetzalcóatl siempre estaba atento a las cosas que debía hacer. Hacía ofrendas en sus estaciones. Se pinchaba el cuerpo con espinas para dar sangre a los dioses. Todas las noches rezaba y se bañaba en el gran río que atravesaba la ciudad. Quetzalcóatl hizo estas cosas fielmente durante mucho tiempo, y así Tula prosperó.

Tezcatlipoca miró a Tula y se puso muy celoso de su buena fortuna. Además, Tezcatlipoca no había perdonado a Quetzalcóatl el insulto de haberlo derribado del cielo cuando era el Primer Sol. Y así, el dios del Espejo Humeante pensó en cómo podría provocar la caída de su hermano, la Serpiente Emplumada. Por lo tanto, Tezcatlipoca se disfrazó de joven. Preparó un poco de pulque y lo puso en un frasco. Envolvió el frasco y su espejo de obsidiana en una piel de conejo y se dirigió a Tula. Cuando llegó al palacio de Quetzalcóatl, Tezcatlipoca se acercó a los sirvientes de su hermano y les dijo—: Díganle a su señor que estoy aquí para mostrarle a él mismo.

Los sirvientes llevaron a Tezcatlipoca al palacio de Quetzalcóatl. Todavía disfrazado de joven, Tezcatlipoca dijo—: Mi señor, puedo mostrarte una cosa buena y rara. Puedo mostrarte a ti mismo como eres realmente. Muy pocos tienen este conocimiento. Creo que deberías ser uno de ellos, porque eres el señor de una ciudad poderosa, y es justo que te conozcas a ti mismo.

Quetzalcóatl dijo—: Puedes hacer esta cosa. Muéstrame a mí mismo.

Tezcatlipoca sostuvo su espejo de obsidiana. Quetzalcóatl lo miró. Y en el espejo vio a un hombre muy viejo. Su pelo y su barba eran

blancos. Su piel estaba arrugada y sus manos todas nudosas—. ¡Oh!—
gritó Quetzalcóatl—. ¡Soy tan viejo y feo! ¿Cómo me verá mi pueblo?
¿Cómo se pondrán de pie para mirarme? Debo esconderme y no
volver a mostrar mi cara nunca más.

—No temas, mi señor—dijo Tezcatlipoca—. Tengo aquí una
medicina que te devolverá tu juventud.

Tezcatlipoca ofreció la jarra de pulque a Quetzalcóatl—. No, no
debo beber eso—dijo Quetzalcóatl—. Estoy enfermo.

El dios del Espejo Humeante dijo—: Tonterías. Bebe solo un poco
como prueba. Verás cómo te ayuda.

Una y otra vez Quetzalcóatl rechazó el pulque. Y una y otra vez
Tezcatlipoca le instó a beberlo. Finalmente, Quetzalcóatl cedió.
Tomó un sorbo del pulque. ¡Estaba delicioso! Nunca había probado
nada parecido. Se bebió todo el frasco, y pronto estuvo muy
borracho.

Quetzalcóatl mandó a buscar a su hermana, Quetzalpétlatl. Quería
que bebiera pulque con él. Quetzalpétlatl vino a Tula y fue al palacio
de su hermano. Allí también bebió mucho pulque, y pronto estuvo
tan borracha como su hermano. Esa noche, Quetzalcóatl estaba tan
borracho que olvidó hacer ofrendas y rezar. Se olvidó de bañarse en
el gran río como debería hacer un sacerdote-rey de Tula. Pasó la
noche cantando y bebiendo con su hermana, y cuando ambos se
cansaron de hacer algo más, fueron a la cámara de Quetzalcóatl
donde se acostaron juntos en su cama hasta que el sol estuvo alto en
el cielo al día siguiente.

Cuando Quetzalcóatl se despertó y vio a su hermana durmiendo a
su lado, recordó lo que había hecho la noche anterior y se sintió muy
avergonzado. Sabía que ya no podía ser el rey de Tula con tantos
pecados en su alma. Quetzalcóatl decidió que debía hacer una
penitencia y luego dejar su amada ciudad para siempre. Primero,
ordenó a sus artesanos que le hicieran una buena tumba. Cuando esto
se hizo, Quetzalcóatl se hizo sellar en la tumba. Permaneció allí
durante cuatro días. Cuando los cuatro días terminaron, Quetzalcóatl
salió de su tumba. Quemó su hermoso palacio. Enterró su oro y sus

joyas. Despidió a los hermosos pájaros que le dieron sus brillantes plumas. Los árboles de cacao que transformó en mezquitas de baja calidad. Y cuando todo esto terminó, Quetzalcóatl salió de Tula, llorando todo el tiempo por la pérdida de su hermosa ciudad.

Quetzalcóatl caminó siempre hacia el este, lejos de la hermosa ciudad de Tula. Después de un tiempo, se encontró con un árbol en un lugar llamado Cuautitlán, el Lugar del Árbol. El árbol era muy viejo y nudoso. Quetzalcóatl miró el árbol y recordó lo que había visto en el espejo de Tezcatlipoca—. Somos muy viejos, tú y yo—le dijo al árbol, y desde entonces ese lugar fue conocido como Huehuequauhtitlan, el lugar del árbol viejo. Antes de dejar ese lugar, Quetzalcóatl recogió muchas piedras y las arrojó al árbol. Las arrojó con tal fuerza que penetraron profundamente en la corteza del árbol, y allí permanecieron.

La Serpiente Emplumada reanudó su viaje. Siempre hacia el este, se alejó de su hermosa ciudad. Caminó hasta que se cansó mucho. Quetzalcóatl buscó a su alrededor un lugar para descansar. Cerca de allí había una gran roca. Quetzalcóatl se apoyó en la roca, apoyándose en ella con sus manos. Mientras descansaba, miró hacia su hermosa ciudad y una vez más comenzó a llorar. Las lágrimas del dios rodaron por su cara y salpicaron en la roca. Pronto sus lágrimas habían hecho agujeros en la superficie de la roca, y cuando el dios quitó las manos, las huellas de sus manos también estaban en la roca. Desde entonces, ese lugar se llamó Temalpalco, el lugar marcado por las manos.

Una vez más, Quetzalcóatl reanudó su viaje. Caminó siempre hacia el este hasta que llegó a un lugar donde había un gran río. Quetzalcóatl quería cruzar el río, pero no había ningún puente. Así que el dios tomó muchas piedras grandes y se hizo un puente, y así cruzó el río. Y así, el lugar después se conoció como Tepanoayan, el lugar del puente de piedra.

Luego Quetzalcóatl llegó a un lugar donde había muchos hechiceros. Los hechiceros se acercaron al dios y le preguntaron—: ¿Adónde vas?

Quetzalcóatl dijo—: Voy al este, a Tlapallan.

—¿Por qué vas allí?—preguntaron los hechiceros.

—Voy porque debo—dijo Quetzalcóatl—. El sol me llama allí.

—Antes de irte—dijeron los hechiceros—enséñenos los oficios de la metalurgia y la joyería. Enséñanos los oficios de la construcción y de tejer con plumas, porque sabemos que aprendiste en estas artes.

Quetzalcóatl no quería desprenderse de este conocimiento, pero los hechiceros le obligaron a enseñarles. Cuando Quetzalcóatl les enseñó todo lo que sabía, tomó un fino collar que llevaba puesto y lo tiró en la fuente que estaba cerca. Así, ese lugar se conoció como Cozcaapan, el lugar de las aguas enjoyadas.

Quetzalcóatl dejó Cozcaapan, caminando siempre hacia el este. Mientras caminaba por el camino, se encontró con otro hechicero—. ¿A dónde vas?—preguntó el hechicero.

—Voy al este, a Tlapallan—dijo Quetzalcóatl.

—Es un buen viaje—dijo el hechicero—, pero no puedes dejar este lugar hasta que hayas bebido un poco de pulque.

Quetzalcóatl recordó su vergüenza por haber bebido pulque. Le dijo al hechicero—: No debo probar esa bebida.

—Sea como fuere—dijo el hechicero—, no te dejaré continuar tu viaje hasta que hayas probado el pulque.

Quetzalcóatl vio que no tenía otra opción. Bebió el pulque que el hechicero le dio, y pronto se emborrachó. Se acostó y se durmió rápidamente y comenzó a roncar. Y sus ronquidos eran tan fuertes que se oían a lo lejos, y la gente de lejos pensaba—: Ah, es un trueno.

Después de un tiempo, Quetzalcóatl despertó de su sueño. Miró a su alrededor y recordó dónde estaba y qué debía hacer. Se alisó el pelo y se arregló la ropa. Antes de reanudar su viaje, llamó a ese lugar Chochoca, la ciudad de los durmientes.

Quetzalcóatl viajó una y otra vez, hasta que subió al paso de la alta montaña entre el Popocatépetl, la montaña humeante, y el Iztac Tepetl, la montaña blanca. Allí empezó a nevar. Ráfagas blancas bajaron del cielo y el viento se volvió frío. Había mucho hielo en el camino. Hacía tanto frío que los sirvientes que habían acompañado Quetzalcóatl murieron, y el dios los lloró mucho. Y cuando el dios terminó de cantar lamentos para sus sirvientes, siguió viajando a través de las montañas. Se dice que cuando necesitaba bajar una montaña, descansaba sentado en la nieve y el hielo y se deslizaba hasta el fondo.

Dondequiera que Quetzalcóatl iba, hacía algo por la gente de los pueblos y ciudades por las que pasaba. En algunos lugares, construyó canchas de pelota. En otros, plantó cactus de maguey. Quetzalcóatl hizo muchas maravillas y muchas cosas útiles en su viaje, y dio nombres a todos los lugares a los que fue.

Finalmente, Quetzalcóatl llegó a la orilla del mar. Y nadie sabe exactamente lo que le pasó allí, porque hay dos historias que cuentan el destino de la Serpiente Emplumada. Uno dice que se construyó una balsa de serpientes y navegó hacia el este, a Tlapallan, la tierra roja, y los que creen en esta historia dicen que algún día Quetzalcóatl regresará.

El otro cuento dice que cuando llegó a la orilla del mar, recogió mucha madera y encendió una gran hoguera. Cuando el fuego era lo suficientemente grande y caliente, Quetzalcóatl se arrojó sobre él. En el fuego, su cuerpo se transformó, y se elevó al cielo donde se convirtió en la Estrella de la Mañana. Y los que creen en esta historia dicen que desde entonces Quetzalcóatl ha actuado como heraldo del sol, conduciéndolo al cielo cada nuevo día.

Vea más libros escritos por Matt Clayton

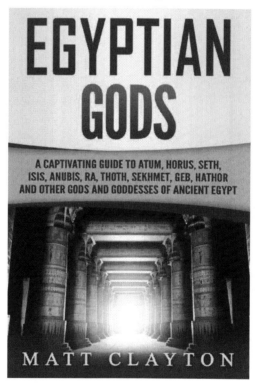

Glosario

Traducciones de nombres náhuatl dados según disponibilidad.

Nombre	Significado literal Función
Aztec "Gente de Aztlán"	Pueblos que vivían en México Central y establecieron un imperio allí
Aztlán "Lugar de la Garza blanca"	Lugar de origen mítico de los aztecas
Zacatepec/Zacatepeca	Enemigos míticos de los toltecas
Centzon Huitznáhua "Cuatrocientos sureños"	Hijos de Coatlicue que representan a las estrellas
Chalchiuhtlicue	"Mujer de la falda de jade" Diosa de las vías fluviales; esposa de Tlálo
Chapultepec "Colina de las langostas"	La antigua ciudad tolteca a orillas del lago Texcoco
Chichimecas	Término general para los pueblos no aztecas; a menudo tiene connotaciones de barbarie

Cihuacoatl "Mujer serpiente"	Diosa de la partería
Cipactli	Pez gigante cuyo cuerpo fue convertido en tierra por Quetzalcóatl y Huitzilopochtli
Cipactonal	Primer hombre (o mujer)
Coatepec "Montaña de la serpiente"	Hogar de Coatlicue
Coatepec/Coatepeca "Colina de las serpientes"/ "Gente de la colina de las serpientes"	Enemigos míticos de los toltecas
Coatlicue "Falda de Serpiente"	Madre de la luna, las estrellas y Huitzilopochtli
Cochtocan "Ciudad de los durmientes"	Lugar en el viaje de Quetzalcóatl desde Tula
Copil	Hijo de Malinalxóchitl y enemigo de Huitzilopochtli y los mexica
Coyolxauhqui "Campanas preciosas"	Hija de Coatlicue cuya cabeza se convierte en la luna
Cozcaapan "Lugar de las aguas enjoyadas"	Lugar en el viaje de Quetzalcóatl desde Tula
Culhuacan	Antigua ciudad tolteca
Ehécatl "Viento"	Aspecto de Quetzalcóatl como dios del viento
HuehueCuautitlán "Lugar del árbol viejo"	Lugar en el viaje de Quetzalcóatl desde Tula
Huemac	Mítico último rey de los toltecas

Huitzilopochtli	"Colibrí de la izquierda" o "Colibrí del sur" Dios de la guerra
Itztlacoliuhqui "Obsidiana torcida"	Dios del frío y la obsidiana; aspecto transformado de Tlahuizcalpantecuhtli
Ixtapalapan	Lugar a lo largo de la orilla del lago Texcoco donde los mexicas se establecen como parte de su viaje
Ixnextli "Ojos cenicientos"	Transformación de Xochiquétzal cuando se exilia de Tamoanchan
Iztac tepetl "Montaña blanca"	Montaña en el Valle de México
Lake Texcoco	Antiguo lago en el centro de México; ahora es el sitio de la Ciudad de México
Macehuales	Agricultores aztecas; plebeyo
Malinalco	Ciudad mítica fundada por Malinalxóchitl
Malinalxóchitl "Flor de hierba salvaje"	Hija de Coatlicue y enemiga de Huitzilopochtli y los aztecas
Mayahuel	Diosa del cactus maguey
Mexica	Una de las tribus de Aztlán que emigró a México Central
Michoacán	Región de México; lugar de parada de los mexicas en su viaje hacia el sur
Mictecacíhuatl "Señora de Mictlán"	Consorte de Mictlántecuhtli
Mictlán	Tierra de los muertos
Mictlántecuhtli "Señor de Mictlán"	Dios de los muertos

Mixcóatl "Serpiente de nube"	Dios de la caza y la Vía Láctea; inventor de las ofrendas de sangre y la guerra ritual
Náhuatl	Idioma hablado por los aztecas
Nanahuatzin "Lleno de llagas"	Dios de la enfermedad; se sacrifica a sí mismo y se transforma en el Quinto Sol
Ollin Tonatiuh/Tonatiuh "Movimiento del Sol"	Dios del sol; aspecto transformado de Nanahuatzin
Ometeotl "Dios Dual" o "Dios de la Dualidad"	Dios creador principal
Oxomoco	Primer hombre (o mujer)
Pantitlan	Lugar mítico donde la hija del rey mexica es sacrificada en las leyendas sobre Huemac
Patzcuaro	Lugar de parada de los mexicas en su viaje hacia el sur
Piltzintecuhtli	Hijo de Oxomoco y Cipactonal
Popocatepetl "Montaña humeante"	Volcán en el Valle de México
Cuautitlán "Lugar del árbol"	Lugar en el viaje de Quetzalcóatl desde Tula
Quetzalcóatl "Serpiente Emplumada"	Dios del conocimiento, de las artesanías y de la estrella de la mañana
Quetzalpétlatl	Hermana de Quetzalcóatl
Tamoanchan "Tierra del cielo nebuloso"	Mítico paraíso donde los dioses viven y los seres humanos son rehechos bajo el Quinto Sol
Tecuciztecatl "El de la plaza de la concha"	Dios de la Luna

Temalpalco "Lugar marcado por las manos"
                                    Lugar en el viaje de
                                    Quetzalcóatl desde Tula
Tenochtitlan "Lugar del cactus nopal"
                                    Antigua ciudad sobre las aguas
                                    del lago Texcoco; ciudad capital
                                    y centro ritual del Imperio
                                    azteca
Teotihuacan "Lugar del camino de los dioses"
                                    Antigua ciudad azteca y centro
                                    ritual
Tepanoayan "Lugar del Puente de piedra"
                                    Lugar en el viaje de
                                    Quetzalcóatl desde Tul
Texcalpan   Lugar mencionado en las
                                    historias de Titlacahuan y
                                    Huemac
Tezcatlipoca "Espejo Humeante"   Dios de la noche, la enemistad
                                    y la lucha
Titlacahuan "Somos sus esclavos"   Aspecto de Tezcatlipoca;
                                    aparece como hechicero en
                                    historias sobre Huemac y la
                                    caída de los toltecas
Tizapán   Lugar que el rey de Culhuacán
                                    le dio a los mexicas
Tlahuizcalpantecuhtli "Señor del amanecer"
                                    Dios de la Estrella de la
                                    Mañana
Tlaloc "El que hace brotar las cosas" Dios de la lluvia; esposo de
                                    Xochiquétzal
Tlaloque   Sirvientes de Tláloc; asociados
                                    con la lluvia, los truenos, los
                                    relámpagos y el granizo

Tlaltecuhtli "Señor de la Tierra"	Monstruo de cuyo cuerpo Quetzalcóatl y Tezcatlipoca rehacen los cielos y la tierra
Tlapallan "Tierra roja"	Lugar legendario que fue la meta del viaje de Quetzalcóatl desde Tula
Tlachtli	Juego sagrado de pelota mesoamericana
Toltecs "Pueblo de Tula"	Antigua civilización de México central que fue reemplazada por los aztecas
Tonacacihuatl "Señora de nuestro sustento"	Aspecto femenino de Ometeotl; consorte de Tonacacihuatl
Tonacatecuhtli "Señor de nuestro sustento"	Aspecto masculino de Ometeotl; consorte de Tonacacihuatl
Tonacatepetl "Montaña de comida"	Montaña mítica en la que Quetzalcóatl encuentra maíz y otros alimentos
Tozcuecuex	Mítico rey de los mexicas en las leyendas sobre Huemac
Tula "Lugar de las prisas"	Ciudad capital del Imperio tolteca
Tzatzitepetl "Montaña que habla"	Montaña mítica en las afueras de la capital tolteca
Tzitzimitl (pl. tzitzimime)	Diosa(s) de las estrellas
Xipe Totec "Dios desollado"	Dios de la agricultura, del cultivo de plantas y de las estaciones

Xochimilco "Gente del campo de las flores"

                              Tribu de habla náhuatl que
                              emigró a México Central

Xochiquétzal "Pluma de flor de Quetzal"

                              Diosa de la fertilidad, la belleza
                              y las jóvenes madres; esposa de
                              Tláloc

Xochitlán "Lugar de la flor"   Ciudad jardín de los toltecas

Bibliografía

Alexander, Harley Burr. *Mythology of All Races.* Vol. 11, *Latin-American.* Boston: Marshall Jones Co., 1920.

Allan, Tony, and Tom Lowenstein. *Gods of Sun & Sacrifice: Aztec & Maya Myth.* London: Duncan Baird Publishers, 1997.

Bancroft, Hubert Howe. *The Native Races of the Pacific States of North America.* Vol. 3, *Myths and Languages.* San Francisco: A. L. Bancroft Co., 1875.

Bierhorst, John, trans. *History and Mythology of the Aztecs: The Codex Chimalpopoca.* Tucson: University of Arizona Press, 1992.

Brinton, Daniel G. *American Hero-Myths: A Study in the Native Religions of the Western Continent.* Philadelphia: H. C. Watts & Co., 1882.

Burland, Cottie Arthur, et al. *Mythology of the Americas.* London: Hamlyn Publishing Group, 1970.

Carrasco, David. *The Aztecs: A Very Short Introduction.* Oxford: Oxford University Press, 2012.

Clendennin, Inga. *Aztecs: An Interpretation.* Cambridge: Cambridge University Press, 1991.

Coe, Sophie D. *The True History of Chocolate.* London: Thames and Hudson, Ltd., 1996.

Dalal, Anita. *Myths of Pre-Columbian America.* Austin: Steck-Vaughn Company, 2001.

Durán, Diego. *Historia de las Indias de Nueva España y Islas de Tierra Ferme.* Ed. José F. Ramirez. Vol. 1. México: J. M. Andrade y F. Escalante, 1867.

Faiella, Graham. *Mesoamerican Mythology.* New York: The Rosen Publishing Group, Inc., 2006.

Ferguson, Diana. *Tales of the Plumed Serpent: Aztec, Inca and Mayan Myths.* London: Collins & Brown, Ltd., 2000.

Hunt, Norman Bancroft. *Gods and Myths of the Aztecs.* London: Brockhampton Press, 1996.

Jonghe, Édouard de, ed. "Histoyre du Mechique: Manuscrit français inédit du XVIe siècle." *Journal de la société des américanistes* 2 (1905): 1-41.

Léon-Portilla, Miguel, ed. *Native Mesoamerican Spirituality: Ancient Myths, Discourses, Stories, Doctrines, Hymns, Poems from the Aztec, Yucatec, Quiche-Maya, and Other Sacred Traditions.* Mahwah: Paulist Press, 1980.

———. Trans. Jack Emory Davis. *Aztec Thought and Culture: A Study of the Ancient Nahuatl Mind.* Norman: University of Oklahoma Press, 1963.

Markman, Roberta H. and Peter T. Markman. *The Flayed God: The Mesoamerican Mythological Tradition.* New York: Harper Collins Publishers, 1992.

McDermott, Gerald. *Musicians of the Sun.* New York: Simon & Schuster, 1997.

Mendieta, Gerónimo de. *Historia eclesiástica indiana.* Joaquin Garcia Icazbalceta, ed. n.c.: F. Diaz de Leon y S. White, 1870.

Miller, Mary, and Karl Taube. *An Illustrated Dictionary of the Gods and Symbols of Ancient Mexico and the Maya.* London: Thames & Hudson, Ltd, 1993.

Nardo, Don. *Aztec Mythology.* Farmington Hills: Lucent Books, 2015.

Phillips, Henry. "Notes Upon the *Codex Ramirez*, With a Translation of the Same." *Proceedings of the American Philosophical Society* 21 (1883): 616-651.

Radin, Paul. "The Sources and Authenticity of the History of the Ancient Mexicans." *University of California Publications in American Archaeology and Ethnology* 17/1 (1920): 1-150.

Roberts, Timothy R. *Myths of the World: Gods of the Maya, Aztecs, and Incas.* New York: MetroBooks, 1996.

Roy, Cal. *The Serpent and the Sun: Myths of the Mexican World.* New York: Farrar, Straus & Giroux, 1972.

Sahagún, Fray Bernardino de. *The Florentine Codex: General History of the Things of New Spain.* Book 3: *The Origins of the Gods.* Trans. Arthur J. O. Anderson et al. *Monographs of the School of American Research* 14/4. Santa Fe: School of American Research and the University of Utah, 1952.

Schuman, Michael A. *Mayan and Aztec Mythology.* Berkeley Heights: Enslow Publishers, Inc., 2001.

Smith, Michael E. *The Aztecs.* 3rd ed. Chicester: Wiley-Blackwell, 2011.

Torquemada, Juan de. *Primera parte de los veinte i vn libros rituales i monarchia indiana: con el origen y guerras, de los indios ocidentales, de sus poblaçones: descubrimento, conquista, conuersion, y otras cosas marauillosas de la mesma tierra.* Vol. 2. Madrid: Nicolas Rodriquez Franco, 1723.

Taube, Karl. *The Legendary Past: Aztec and Maya Myths.* London: British Museum Press, 1993.

Printed in Great Britain
by Amazon

52831138R00057